公共卫生思政系列

卫生毒理学
课程思政案例集

韦艳宏　李道传　主编

·广州·

版权所有　翻印必究

图书在版编目（CIP）数据

卫生毒理学课程思政案例集/韦艳宏，李道传主编．—广州：中山大学出版社，2024.4
（公共卫生思政系列）
ISBN 978 - 7 - 306 - 08077 - 6

Ⅰ.①卫… Ⅱ.①韦… ②李… Ⅲ.①高等学校—思想政治教育—教案（教育）—中国　Ⅳ.①G641

中国国家版本馆 CIP 数据核字（2024）第 076921 号

WEISHENG DULIXUE KECHENG SIZHENG ANLIJI

出 版 人：	王天琪
策划编辑：	吕肖剑
责任编辑：	吕肖剑
封面设计：	曾　斌
责任校对：	孙碧涵
责任技编：	靳晓虹
出版发行：	中山大学出版社
电　　话：	编辑部 020 - 84110283，84113349，84110776
	发行部 020 - 84111998，84111981，84111160
地　　址：	广州市新港西路 135 号
邮　　编：	510275　　　　　　传　真：020 - 84036565
网　　址：	http://www.zsup.com.cn　　E-mail:zdcbs@mail.sysu.edu.cn
印 刷 者：	佛山市浩文彩色印刷有限公司
规　　格：	787mm×960mm　1/16　12 印张　197 千字
版次印次：	2024 年 4 月第 1 版　2024 年 4 月第 1 次印刷
定　　价：	45.00 元

如发现本书因印装质量影响阅读，请与出版社发行部联系调换

编 委 会

主编 韦艳宏 李道传

编委（按姓氏笔画排序）

王 庆 邢秀梅 陈丽萍 陈 燊 钟霞丽

融思政教育于专业培养

——"公共卫生思政系列"丛书序

陈春声

做好课程思想政治（简称"思政"）工作，是落实"三全育人"理念具有关键性意义的重要环节。如何在每一位任课教师的专业课程教学过程中，道法自然，润物无声，将思政教育的养分有机融入高层次专业人才培养的土壤之中，有效地达到知识传授、价值塑造和能力培养多元统一的目标，仍是高等教育界各位同仁正在孜孜以求的重大课题。令人高兴的是，中山大学公共卫生学院的教师们在自己的专业领域做了可贵的探索。中山大学出版社出版的"公共卫生思政系列"丛书，为课程思政工作提供了一个可重复、可借鉴的范例。

中山大学公共卫生学院的教师们在教师党支部的引领下，结合各二级学科的特点和资源，胸怀"立德树人"，培养德智体美劳全面发展的公共卫生事业年轻一代专业工作者的责任感和使命感，编写了《职业卫生与职业医学课程思政案例集》《流行病学课程思政案例集》《儿童少年卫生学课程思政案例集》《营养与食品卫生学课程思政案例集》《环境卫生学课程思政案例集》《卫生管理学课程思政案例集》《卫生毒理学课程思政案例集》《卫生统计学课程思政案例集》和《百年党史中的公共卫生》9本与专业教学内容密切配合的辅助教材。这些教材以丰富、生动的专业案例，着力让学生从公共卫生与预防医学专业课程中体验和感悟爱国精神、专业精神、求实精神及奉献精神，恪守规范，自成体系，讲求情理融汇，以文化人。这样的努力，真的是难能可贵。

公共卫生与预防医学旨在以多学科融合的方式，组织社会力量共同努力，改善环境卫生条件，培养人们良好的卫生习惯和文明的生活方式，研究疾病的发生与分布规律以及影响健康的各种因素，制定预防对策和措施，预防与控制传染病和其他疾病的流行，提供医疗服务，达到促进人民身体健康、提高生命质量的目的。因此，公共卫生与预防医学学科的专业教学内容，天然地蕴含着关注人群、造福百姓、胸怀家国、服务人类命运共同体的思政教育成分。一代代为人类健康事业做出贡献的公共卫生与预防医学领域的前辈学者，更是后来者接续奋斗的不朽榜样。这些都为本学科课程思政教学奠定了厚重的学术基础，提供了丰富而感人的专业案例。

翻阅这套丛书，其中选录的200多个案例内容涵盖古今中外，既包括古代中国与百姓健康相关的思想和实践，也有近代欧美公共卫生与预防医学发展过程中的经验与教训；既系统讲述了苦难辉煌历程中历代中国共产党人对公共卫生事业的重视，也阐释了近年党和国家正确应对重大公共卫生事件的举措和政策；既有本学科发展历程中重要的科学实验、队列研究、疾患救治等丰富而生动的案例，又有一些因生态恶化、环境污染、劳动保护不足等引发对人群健康问题反思的个案。案例平实且深刻，专业而不造作。

习近平总书记高度关注公共卫生与预防医学事业的发展，重视高素质公共卫生人才的培养，明确提出"要建设一批高水平公共卫生学院，着力培养能解决病原学鉴定、疫情形势研判和传播规律研究、现场流行病学调查、实验室检测等实际问题的人才"①。中山大学公共卫生学院的教师们，根据习近平总书记的指示和精神，努力为公共卫生与预防医学高素质人才的自主培养添砖加瓦。相信这套由该学院各二级学科近20位教师合作主编的丛书，对于公共卫生与预防医学专业的教师和学生们来说，都是开卷有益的。

让人印象深刻的是，这套丛书自编写之初就高度重视其运用于专业教学实践的可操作性。丛书各分册的选题和公共卫生与预防医学专

---

① 习近平：《构建起强大的公共卫生体系为维护人民健康提供有力保障》，载《求是》2020年第18期，第7页。

业本科教学基础课的体系相衔接，篇章目录与国内大多数公共卫生学院必修课的教学大纲基本一致。尽管这套丛书是集体合作的成果，汇聚了各学科专家和众多工作人员的智慧与辛劳，但保持了体例一致、章节篇幅规整和文字叙述风格相近的特点，较好地达到了专业辅助教材编写的标准。可以说，这是一项在课程思政建设中具有可重复性意义的工作，其经验值得在其他专业的课程思政教学中推广。

中山大学公共卫生与预防医学学科具有优良的办学传统和丰厚的学术积累，在筚路蓝缕、追求卓越的不凡历程中，形成了富有特色的"教学育人为主体、科学研究为先导、服务社会为己任"的办学理念，成绩斐然。尤其令人感佩的是，中山大学公共卫生与预防医学专业师生们的大爱之心和奉献精神。适逢中山大学世纪华诞之际，"公共卫生思政系列"丛书的出版，也可视为献给百年校庆的一份贺礼。

是为序。

目　录

第一章　绪　论 ………………………………………………… 1
　第一节　课程思政教学设计 …………………………………… 1
　　一、案例教学适用范围 ……………………………………… 1
　　二、课程教学目标 …………………………………………… 1
　　三、教学方法 ………………………………………………… 2
　第二节　课程思政案例及分析 ………………………………… 2
　　一、我国毒理学的发展历史回顾 …………………………… 2
　　二、一部专著带来的破案灵感 ……………………………… 5

第二章　毒理学基本概念 ………………………………………… 9
　第一节　课程思政教学设计 …………………………………… 9
　　一、案例教学适用范围 ……………………………………… 9
　　二、课程教学目标 …………………………………………… 9
　　三、教学方法 ………………………………………………… 10
　第二节　课程思政案例及分析 ………………………………… 10
　　一、"毒理学之父"——帕拉塞尔苏斯（Paracelsus）… 10
　　二、重大中毒、投毒事件与启发 …………………………… 12

第三章　化学毒物在体内的生物转运与生物转化 ……………… 14
　第一节　课程思政教学设计 …………………………………… 14
　　一、案例教学适用范围 ……………………………………… 14

二、课程教学目标 …………………………………… 14
　　三、教学方法 ……………………………………… 15
第二节　课程思政案例及分析 …………………………… 15
　　一、闪闪发光的"镭女郎" …………………………… 15
　　二、关于FDA《临床实验中种族数据和民族数据的
　　　　收集》指南 ……………………………………… 18

第四章　毒作用机制 …………………………………… 22
第一节　课程思政教学设计 ……………………………… 22
　　一、案例教学适用范围 ……………………………… 22
　　二、课程教学目标 …………………………………… 22
　　三、教学方法 ……………………………………… 23
第二节　课程思政案例及分析 …………………………… 23
　　一、百草枯：给你后悔的时间，却不给你后悔的机会…… 23
　　二、祖辈生活经历影响孙辈的健康 ………………… 26

第五章　毒作用影响因素 ……………………………… 29
第一节　课程思政教学设计 ……………………………… 29
　　一、案例教学适用范围 ……………………………… 29
　　二、课程教学目标 …………………………………… 29
　　三、教学方法 ……………………………………… 30
第二节　课程思政案例及分析 …………………………… 30
　　一、毒理学先驱：唯物辩证法与传统医学的碰撞 …… 30
　　二、证明毒性有多难：美国杜邦化学公司PFOA事件 …… 32

第六章　毒理学实验设计 ……………………………… 35
第一节　课程思政教学设计 ……………………………… 35
　　一、案例教学适用范围 ……………………………… 35
　　二、课程教学目标 …………………………………… 35
　　三、教学方法 ……………………………………… 36

第二节　课程思政案例及分析 ……………………………… 36
　　　　一、实验结果的可重复性 …………………………………… 36
　　　　二、替代毒理学的发展 ……………………………………… 38

第七章　化学物质的一般毒性 ……………………………………… 42
　　第一节　课程思政教学设计 …………………………………… 42
　　　　一、案例教学适用范围 ……………………………………… 42
　　　　二、课程教学目标 …………………………………………… 42
　　　　三、教学方法 ………………………………………………… 43
　　第二节　课程思政案例及分析 ………………………………… 43
　　　　一、复旦投毒案 ……………………………………………… 43
　　　　二、炼丹术 …………………………………………………… 45
　　　　三、油漆性皮炎 ……………………………………………… 48

第八章　化学物质致突变作用 ……………………………………… 51
　　第一节　课程思政教学设计 …………………………………… 51
　　　　一、案例教学适用范围 ……………………………………… 51
　　　　二、课程教学目标 …………………………………………… 51
　　　　三、教学方法 ………………………………………………… 52
　　第二节　课程思政案例及分析 ………………………………… 52
　　　　一、彗星实验发展史：精益求精的科学精神 ……………… 52
　　　　二、基因突变与基因治疗：攻坚克难，止于至善 ………… 55
　　　　三、从黄曲霉毒素限量标准的制定看食品安全 …………… 57

第九章　化学物质的致癌作用 ……………………………………… 61
　　第一节　课程思政教学设计 …………………………………… 61
　　　　一、案例教学适用范围 ……………………………………… 61
　　　　二、课程教学目标 …………………………………………… 61
　　　　三、教学方法 ………………………………………………… 62

第二节　课程思政案例及分析 ……………………………… 62
　　　一、中国毒理学界的领头人：张桥 …………………………… 62
　　　二、环境与癌症 ………………………………………………… 64

第十章　发育毒性和致畸作用 …………………………………… 68
　第一节　课程思政教学设计 ………………………………………… 68
　　　一、案例教学适用范围 ………………………………………… 68
　　　二、课程教学目标 ……………………………………………… 68
　　　三、教学方法 …………………………………………………… 69
　第二节　课程思政案例及分析 ……………………………………… 69
　　　一、"反应停"事件 …………………………………………… 69
　　　二、尼克·胡哲的故事 ………………………………………… 71

第十一章　毒理基因组学和系统毒理学 ……………………… 73
　第一节　课程思政教学设计 ………………………………………… 73
　　　一、案例教学适用范围 ………………………………………… 73
　　　二、课程教学目标 ……………………………………………… 73
　　　三、教学方法 …………………………………………………… 74
　第二节　课程思政案例及分析 ……………………………………… 74
　　　一、绘制生命密码的蓝图——杨焕明院士的求索 ……… 74
　　　二、癌症的个体化防治——测序技术在精准医疗中的
　　　　　应用 ………………………………………………………… 76

第十二章　管理毒理学 …………………………………………… 81
　第一节　课程思政教学设计 ………………………………………… 81
　　　一、案例教学适用范围 ………………………………………… 81
　　　二、课程教学目标 ……………………………………………… 81
　　　三、教学方法 …………………………………………………… 82
　第二节　课程思政案例及分析 ……………………………………… 82
　　　一、敬业的凯尔西 ……………………………………………… 82

二、三聚氰胺毒奶粉事件 ………………………………………… 83

　　三、小儿磺胺酏剂事件 …………………………………………… 85

第十三章　转化毒理学 …………………………………………… 88

第一节　课程思政教学设计 ……………………………………… 88

　　一、案例教学适用范围 …………………………………………… 88

　　二、课程教学目标 ………………………………………………… 88

　　三、教学方法 ……………………………………………………… 89

第二节　课程思政案例及分析 …………………………………… 89

　　一、苏丹红事件 …………………………………………………… 89

　　二、以身试药的科学家们 ………………………………………… 91

第十四章　纳米毒理学 …………………………………………… 96

第一节　课程思政教学设计 ……………………………………… 96

　　一、案例教学适用范围 …………………………………………… 96

　　二、课程教学目标 ………………………………………………… 96

　　三、教学方法 ……………………………………………………… 96

第二节　课程思政案例及分析 …………………………………… 97

　　深入开展纳米毒理学的必要性 …………………………………… 97

第十五章　放射毒理学 …………………………………………… 99

第一节　课程思政教学设计 ……………………………………… 99

　　一、案例教学适用范围 …………………………………………… 99

　　二、课程教学目标 ………………………………………………… 99

　　三、教学方法 ……………………………………………………… 100

第二节　课程思政案例及分析 …………………………………… 100

　　一、切尔诺贝利核电站爆炸 ……………………………………… 100

　　二、日本将福岛核废水直排太平洋 ……………………………… 102

　　三、居里夫人 ……………………………………………………… 103

第十六章　血液毒理学 106
第一节　课程思政教学设计 106
一、案例教学适用范围 106
二、课程教学目标 106
三、教学方法 107
第二节　课程思政案例及分析 107
一、苯：芳香杀手 107
二、抗凝血杀鼠剂 109
三、"重男轻女"的蚕豆病 110

第十七章　免疫毒理学和内分泌毒理学 114
第一节　课程思政教学设计 114
一、案例教学适用范围 114
二、课程教学目标 114
三、教学方法 115
第二节　课程思政案例及分析 115
一、塑化剂风波 115
二、乌克兰总统尤先科被投毒二噁英毁容事件 117
三、DDT 的兴衰史 118
四、鸡血疗法 119

第十八章　生殖毒理学 122
第一节　课程思政教学设计 122
一、案例教学适用范围 122
二、课程教学目标 122
三、教学方法 123
第二节　课程思政案例及分析 123
我国出生缺陷现状及预防策略 123

第十九章　神经行为毒理学……125

第一节　课程思政教学设计……125
一、案例教学适用范围……125
二、课程教学目标……125
三、教学方法……126

第二节　课程思政案例及分析……126
一、日本水俣病事件……126
二、一氧化碳中毒……128
三、鸦片对人体的荼毒……131

第二十章　呼吸毒理学……136

第一节　课程思政教学设计……136
一、案例教学适用范围……136
二、课程教学目标……136
三、教学方法……137

第二节　课程思政案例及分析……137
一、烟雾事件……137
二、芥子气——Every coin has two sides……138
三、开胸验肺……139

第二十一章　肝脏毒理学……142

第一节　课程思政教学设计……142
一、案例教学适用范围……142
二、课程教学目标……142
三、教学方法……143

第二节　课程思政案例及分析……143
一、酒精性肝硬化……143
二、"军营黄疸"事件……146
三、四氯化碳致肝脏损伤……148

第二十二章 肾脏毒理学················152
第一节 课程思政教学设计················152
一、案例教学适用范围················152
二、课程教学目标················152
三、教学方法················153
第二节 课程思政案例及分析················153
一、药源性肾疾病——非那西丁肾病················153
二、草酸二甲酯导致急性肾损伤················155

第二十三章 心血管毒理学················158
第一节 课程思政教学设计················158
一、案例教学适用范围················158
二、课程教学目标················158
三、教学方法················159
第二节 课程思政案例及分析················159
一、"减肥神药"西布曲明················159
二、空气污染的心血管毒性················161
三、不良生活习惯对心血管的危害················163

第二十四章 皮肤毒理学················167
第一节 课程思政教学设计················167
一、案例教学适用范围················167
二、课程教学目标················167
三、教学方法················168
第二节 课程思政案例及分析················168
一、"鳞状细胞癌"起源——烟囱工················168
二、孟山都与氯痤疮················170

第一章 绪 论

第一节 课程思政教学设计

一、案例教学适用范围

本案例适用于本科生和研究生"毒理学基础""毒理学研究方法与技术"等课程中"绪论"章节的教学。

二、课程教学目标

1. 知识目标

要求学生掌握现代毒理学的基本概念、研究内容、研究方法及其主要应用;熟悉描述毒理学、机制毒理学和管理毒理学的研究意义和内容。

2. 能力目标

(1) 通过本章节学习,让学生能够掌握常用毒理学研究方法的相关知识。

(2) 通过本章节学习,让学生能够理解毒理学知识在化学毒物风险评估和风险管理中的应用价值。

3. 价值目标

通过介绍我国毒理学的发展过程,阐述老一辈毒理学家取得的成就,培养学生爱国主义情怀。

三、教学方法

本章课程,采用理论讲授,利用教师讲授提问、学生思考讨论等方式,完成课程教学的知识目标、能力目标和价值目标。通过讲授,引导学生了解现代生物技术、生物信息学等学科的发展给现代毒理学带来的机遇和挑战,提高他们学习的积极性和主动性。

第二节　课程思政案例及分析

一、我国毒理学的发展历史回顾

1. 案例正文

毒物的历史是人类历史发展中重要的篇章之一。早在5000多年前,中华民族就对自然界存在的有毒物质产生了一定的认识。《说文解字》里写道:"毒,厚也,害人之草。"在我国传统文化语境里,对人有害,即谓之"毒"。相传远古时期,古人就使用动物分泌的毒液或有毒的植物提取物进行狩猎、战争、行刺。当时古人用乌头碱制作箭毒,为后来毒理学的研究提供了重要启发。在"神农尝百草"的传说中,中国中草药之父——神农氏尝遍365种中草药,在《神农本草经》中记载了如何区别食物、药物与毒物以及相应的解毒方法。在隋朝《诸病源候论》一书中,蛇毒、蜂毒、蝎毒被视为有损人体健康的有害物质。在宋朝,有诗云:"见闻闽山多蛊毒,千方百计避无由。"当中提到的"蛊毒",就是指动物产生的天然动物毒素(如蛇毒、蝎毒)等。在唐朝的《外台秘要》中提出,可以根据动物是否中毒判断环境中是否存在有毒气体。南宋时期,验尸官宋慈在《洗冤集录·卷四·服毒》中描述了某些毒物的鉴定及解毒方法,并且记载中毒死亡尸体的特点:"凡服毒死者,尸口眼多开,面紫黯或青色,唇紫黑,手、足指甲俱青黯,口、眼、耳、鼻间有血出。"

1840年,鸦片战争爆发,拉开中国近代史的序幕。这标志着中华民族奋力抗击外来列强侵略,也标志着中国人民与毒物斗争历史新的开启。

20世纪20年代起,我国毒理学体系开始发展并形成初步规模。随着西方医学在我国的广泛传播,一些法医工作者开始用病理学和毒理学的方法开展工作。在处理职业性、生活性的中毒事件时,现场毒物的检测、调查以及动物毒性实验得到广泛的应用,这构成我国现代毒理学的雏形。这一时期,有关毒理学的书籍逐渐增加。例如:著名毒物分析化学家黄鸣驹编写的《毒物分析化学》,该书系统地介绍了常见毒物的分类与分析技术、未知毒物的鉴定技术以及一些化学分析方法,是中国历史上第一部关于毒物分析的作品。接着《毒物》《毒品问题》等著作相继出版,填补了我国毒理学发展相关法律法规的空白。此外,在1923年,台湾地区首先研究出抗蛇毒血清,由此挽救了无数人的生命。

早年煤矿频繁发生的爆炸,这些不幸的惨案则促进了职业毒理学的发展。1920年10月14日,唐山某煤矿发生瓦斯爆炸,造成百余人受伤、450名工人当场死亡的惨案。1942年4月26日,辽宁本溪湖煤矿发生瓦斯煤尘大爆炸,死亡人数高达1549人。然而后续的调查发现,很多人并不是死于爆炸,而是死于瓦斯毒气。至此,生产性毒物成为中国职业毒理学者关注和研究的重点。

1949年以后,我国毒理学进入新的发展阶段。在新中国成立初期,鸦片的使用仍然常见。鸦片成瘾的问题,困扰国人200余年,是近代中国社会的一个毒瘤。在这一时期,中央人民政府采取坚决措施,在全国范围内开展禁毒运动,设立戒毒所,开发戒断药物,给吸毒者服用戒断药物,减缓、减轻吸毒者戒毒症状和痛苦,逐渐达到脱毒的目的。据统计,1949—1953年,全国各级人民法院判处毒品案共22万件,惩办8万多名罪犯。与此同时,政府帮助2000万吸毒者戒除了吸毒的恶习。在短短4年的时间内,危害中国百余年的鸦片毒害基本得以禁绝,这也是举世公认的奇迹。

1955年以来，为应对核威胁，保卫国家安全，我国制定了发展核能的战略决策，开始建立核工业。1958年，我国第一座核反应堆建成。1964年10月16日，我国第一颗原子弹爆炸成功，而仅仅两年零八个月后，我国第一颗氢弹在新疆罗布泊沙漠上空成功爆炸。与此相应的，由于发现放射性物质会给研究者身体带来危害，我国建立了放射毒理学的科研体系并取得可喜的进展。

20世纪60年代初，农药残留量的标准及水果保鲜等研究成为食品毒理学学者面临的新问题；职业毒理学展开了车间空气毒物职业卫生限值的研究，并针对极度困扰从业者的尘肺病、铅中毒、镉中毒、苯中毒等职业性疾病的防治开展了广泛的研究并取得了巨大的成果；制定了苯等有害物质在职业场所中的管理标准；确定了针对敌敌畏、氯乙烯等有毒物质的卫生标准；体外经皮吸收模型的建立为皮肤毒理学的研究打下了坚实的基础；防治有机磷农药中毒的研究也获得了极大的成功；《常见中毒的法医学鉴定》《法医毒理学》等书籍的出版标志着法医毒理学逐渐受到重视；针对蛇毒的研究更上一层楼，运用眼镜蛇毒所制成的药物"克痛宁"在临床上广泛应用；有毒植物的研究开启了我国对野生植物以及传统中草药发掘的新篇章……总的来说，这一时期毒理学以其各个附属学科的教学及研究机构在全国范围内初步建立，许多毒理学研究团队也在这一时期建立，并在药物的安全性评价、工业毒物以及环境污染物的毒性研究等方面做出了巨大的贡献。

改革开放之后，毒理学的发展进入开拓创新的新时期，现代毒理学及其分支学科得到全面发展。毒物的研究与开发、科学普及等工作取得重大成果。我国加入WTO之后，不断加强国际学术交流，我国毒理学研究正式进入"分子时代"。同时，毒理学的研究也不再仅仅局限于实验室，而是开始走向社会，参与政府的决策立法，初步实现了与自然科学、社会科学的融合。

同时，毒理学也为我国的各类公共卫生事件以及政府应急工作的处理做出了贡献：1998年，震惊全国的赣南毒猪油案促进中国预防医学科学院中毒控制中心的成立；2001年，洛阳运载液态氰化钠的货车侧翻的急救处置为中国各地制定应急处理预案提供了经验；2011年，社会普遍关注的瘦肉精事件也使得食品及饲料毒理学快速成熟……

如今，毒理学作为一门基础学科，已经广泛地应用到基础医学、临床医学和预防医学的研究中。

2．案例分析

我国的历史，包括中华民族从古到今与毒物的斗争史。几千年以来，我国毒理学发展史不仅是科学进步与创新的历史，也是毒理学前辈们奉献自身、投身科研的历史。防毒、解毒、化毒为利，是毒理学家的天职。进入 21 世纪后，更证明了只有社会长期稳定、经济快速发展，人民生活才会幸福，科技创新才能正常进行。随着环境污染问题加重以及经济全球化的逐步深化，毒理学家也面临着新的挑战，要负担起新的责任：针对有毒有害生物入侵的防治、加强对毒物的控制与管理、确保食品药品的安全、杜绝有毒建筑生产材料等都是关乎国家安全、保障民生和社会发展的关键。这些问题，要求和推动毒理学家进行跨专业、跨学科的合作。我辈在面临众多挑战的情况下，也要迎难而上，沿着众多先辈的脚印，以史为鉴，嘉惠未来。

二、一部专著带来的破案灵感

1．案例正文

1984 年秋天，北京市海淀区甘家口发生一起命案，受害者是一名成年女性。据死者丈夫说，死者因身体不适在家休养。他下班后，因自行车胎被人扎破了，便拜托一位同事送他回家，紧接着就在家中发现了妻子的尸体。

接警后，警察迅速前往现场进行勘探工作。而在这一过程中，大家发觉这起案件十分奇特，一时间，许多老侦查员都感到茫然无绪。首先，死者的面貌异常宁静，当时尚未起床，全身无伤，完全没有与人搏斗或挣扎过的痕迹，全身皮肤还透着樱桃般的红色，脸上带着淡淡的笑容。警方排除这一时间段外人入内作案的可能，且死者胃内容物中无毒物，连死亡原因都不能完全确认。

当时负责进行现场勘查的人员之一，是我国著名法医专家冯若非。他首先注意到死者尸体上的樱桃红色尸斑，与正常尸斑的颜色不同。冯先生首先考虑到的，是一氧化碳中毒。当时正是冬季，一些居民烧炭取暖时，可能会出现通风不良的情况，导致一氧化碳中毒。可是，经过进一步观察，冯先生很快注意到另外两个情况：第一，到现场帮忙勘察的两名警察都两眼红肿，不断流泪，并且出现咳嗽、呼吸不畅的情况；第二，因这所房子是单位房，设备比较先进，采用的是暖气供暖，且现场窗户是敞开的，所以并不会出现一氧化碳中毒的现象。在进行尸体检验时，冯先生联系以往学习的一部专著，推测这是一起罕见的氰化物杀人事件。之所以在一开始并没有从这方面推测，是因为在通常情况下，因口服氰化物中毒而亡的人，在死前会异常痛苦，面部表情尤其狰狞，可是本案死者神情安详，完全不像服用了氰化物。而这部专著对一种氰化物——氢氰酸毒剂进行了分析。该书作者提到，这种毒物在常温条件下可以汽化，且发作时间极短，一经摄入，就能迅速破坏人体细胞的携氧能力，使受害者全身的肌肉来不及收缩便即刻身亡，因此受害者不会出现普通氰化物中毒时的特殊面貌。

当警察再次搜索死者房间时，发现放置于暖气片后面的一个小瓶子。经过检测发现，空瓶中残留氰化物。尸检结果也显示，死者体内确实含有氰化物。回想起进入现场的警察两眼红肿，也是残存氢氰酸气体产生刺激所导致。确定是氰化物中毒导致的死亡后，真相终于浮出水面。氰化物在我国的管理非常严格，极小的剂量就能导致一个成年人死亡，能够获得这种物质的人员少之又少，而死者的丈夫一直在医药研究所工作，完全有机会接触这种剧毒。

在证据面前，丈夫很快就招供了——为了摆脱妻子，他竟然起了杀心。他从单位带回氰化物，打开瓶口放在暖气片旁边，想通过暖气片的高温使毒物加速挥发。而且，为了营造不在场证明，他在早上出门时，故意大声与妻子说话，让邻居能听到。下班时，他又故意让同事搭载回家。妻子死后，他产生了巨大的恐惧，害怕瓶子中还有氰化物残留物，不敢取回，才使勘查人员发现了这一关键性证据。

此案件告一段落，这时就不得不提及对该案件进展做出巨大贡献的专著。这部专著便是陈克恢院士的论文集，其中一部分重点讨论了氰化物的药理和解毒问题。陈克恢先生被称为"中国中药药理学研究创始人""国际药理学一代宗师"。在陈克恢先生的研究领域中，麻黄素的发现和利用被认为是中国对世界医学的一大重要贡献，但很少有人知道陈克恢对于毒物学也有很深造诣，他的论文是我国法医界学习的教材之一。

陈克恢先生1898年出生于上海的一个普通家庭，由舅舅抚养长大。由于舅舅开药铺，他从小就认识各种中药材。1918年，他从清华学堂毕业，获得留美学习的机会。在接触西医过程中，他立下志愿，一定要用近现代的科学对中药材进行全新研究。在美国求学期间，陈克恢常常请家人从国内邮寄药材，用以研究。他的毕业论文，是关于桂皮油的研究，这也是中国人第一次用近代科学研究中药的论文。1988年12月12日，陈克恢先生因病去世，享年90岁。他的一生，发表有关中药研究的相关论文多达30余篇，使中药正式登上国际舞台。除此之外，他非常关心祖国的科学事业发展，热情接待前往他的实验室参观的中国留学生。在各种国际会议中，他总是热情地与国内学者交谈，耐心地回答年轻学者提出的各种问题，并给予亲切指导。

2. 案例分析

陈克恢先生是我国现代药理学的一代宗师，为中国乃至世界药理学的发展做出了重要的贡献。他对于急性氰化物中毒解救的研究，临床意义重大，其研究的解毒办法如今仍在使用，而且效果很好。陈克恢先生的一生，大部分时间在海外，但时刻心系祖国。他说："吾国将来苟不能独产磷之地于海外，吾深望当事者有以处置之也。"这样的警世名言激励着无数学子，他本人也为推进社会进步贡献了丰富的研究成果。目前，我国正面临百年未有之大变局，并朝着"第二个百年"的奋斗目标迈进。当前环境问题日渐严峻，新型化合物产生的问题层出不穷，需要广大毒理工作者继续发愤图强。陈克恢先生的拳拳爱国之心，值得我辈永远敬仰与学习，也激励着我们为实现中华民族伟大复兴而不懈努力，贡献力量。

参考文献

［1］史志诚. 中国现代毒理学的形成与发展［C］. 中国毒理学会第五次全国学术大会论文集，2009：150.

［2］萨苏. 追忆陈克恢院士：一篇论文带来的破案灵感［EB/OL］［2016-03-11］. https://news.sciencenet.cn/htmlnews/2016/3/340611.shtm.

第二章 毒理学基本概念

第一节 课程思政教学设计

一、案例教学适用范围

本案例适用于本科生和研究生"毒理学基础""毒理学研究方法与技术"等课程中"毒理学基本概念"章节的教学。

二、课程教学目标

1. 知识目标

要求学生掌握基本毒物、毒性、毒作用、剂量、效应/反应、剂量–效应/反应关系（曲线）、半数致死剂量、阈值、基准计量、安全限值、风险度等基本概念，熟悉毒作用谱、毒作用分类、选择毒性、生物标志等基本概念。了解 MOA、AOP 等毒理学新概念。

2. 能力目标

通过分组讨论提高专业素养，加强专业自信，并激发和提高学生的社会责任感，从而达到"立德树人"的培养目标。

3. 价值目标

通过对毒理学之父帕拉塞尔苏斯案例的引入和讲解，激发学生的学习热情，并让学生意识到勇于打破常规的创新意识和勇气对于科学发展的重要性。通过重大中毒事件等案例分析，引导学生树立正确的价值观，尊重生命、珍惜生命，并激发他们产生投入毒理学科研和试剂工作的热情。

三、教学方法

本章课程教学采用理论讲授，利用教师讲授提问、学生思考讨论等方式来完成课程教学的知识目标、能力目标和价值目标。通过课程讲授，引导学生了解现代毒理学的由来与基本概念。恰如其分地引入相关案例，可帮助学生形成严谨、科学的思维，也有利于加强对学生的人文教育和提升其专业素养。

第二节　课程思政案例及分析

一、"毒理学之父"——帕拉塞尔苏斯（Paracelsus）

1. 案例正文

帕拉塞尔苏斯（1493—1541），是文艺复兴时期瑞士著名的科学家，被称为"毒理学之父"。Paracelsus，是他为自己选择的学术名字。帕拉塞尔苏斯受过良好教育，不但聪明伶俐，而且性格坚韧、热爱自由，敢于反抗传统与权威。他因尖锐地批评盖伦、希波克拉底等大师而名声大噪。他曾烧毁珍贵的经典教科书，只使用德语而拒绝使用拉丁语，拒绝穿黑色长袍。在巴塞尔大学任职仅一年，他便因起诉医生的不合理收费而陷入法律纠纷，最终被迫离开巴塞尔。他认为医学研究应当依靠事实而不是迷信权威，他的观点引来了学界的口诛笔伐。反对者们把他对知识的探索看作异端学说。帕拉塞尔苏斯反驳：何为真正的正统思想？并宣称他所奉为圭臬的不是权威与教条，而是自然的光辉。正如他所说："有人指责我没有从正确的门进入知识的殿堂。但是，到底哪一扇门才是真正正确的大门——盖伦、阿维森纳，还是自然？我走进了大自然的大门，照亮我道路的是她的光辉。"

帕拉塞尔苏斯的务实、创新和不懈努力，极大地推动了近代毒理学的发展。他从科学角度进行实验研究，首次提出用分析对比和逻辑推理观察事物的本质和发展规律，为实验毒理学确定了理论框架，使其摆脱了传统经验研究的枷锁，有力地推动了近代毒理学理论体系的构建。关于什么是毒物，帕拉塞尔苏斯提出一个著名的观点："What is there that is not poison? All things are poison and nothing is without poison. Solely the dose determines that a thing is not a poison"（帕拉塞尔苏斯用德语写作，此为英译），意即万物皆毒，唯剂量可区分。目前，这一观点被普遍接受。此外，帕拉塞尔苏斯还深入探索毒物的本质和规律，首次提出"最大无作用剂量"这一概念。帕拉塞尔苏斯被世人视为疯子，他的书难以出版。他关于毒物的著名论述写于1538年，直到1564年才出版，那时他已经去世20多年。之后的数个世纪，帕拉塞尔苏斯富有远见的作品得以流传并对毒理学的发展产生了深远的影响。

2. 案例分析

"毒物"是毒理学中最基础且重要的基本概念，指在一定条件下，较低的剂量即可以导致机体损害的物质。然而，毒物与非毒物的划分是相对的，关键看剂量，只要达到一定的剂量，任何一种外源化学物都有可能是毒物。在讲解"毒物"这一概念时，可引用上文中帕拉塞尔苏斯关于"毒物"这一概念的论述；通过这一经典案例的引入，帮助学生理解什么是毒物，并能够针对食盐、水、药物等摄入不当引起的健康损害等生活中常见的问题进行科学的分析。并结合"过犹不及""适可而止"等成语进行阐释。一方面，引导学生辩证地看待问题，提高分析问题和解决问题的能力；另一方面，倡导学生们不可纵欲、贪图安逸等，引导他们认识到中华文化的博大精深，加强文化自信。除此之外，帕拉塞尔苏斯的光辉人格，可启发学生坚守善良、正直的品质，在科研道路上敢于突破世俗、勇于创新。

二、重大中毒、投毒事件与启发

1. 案例正文

南京汤山特大投毒案：2002年9月14日，中国南京市江宁区某豆浆店上午开店后陆续有客人出现呕吐、吐血的症状。经调查，犯罪嫌疑人陈正平在当地从事面食生意，因杂务与另一面食店业主陈某发生矛盾，遂怀恨在心，意图报复，在后厨投放"毒鼠强"引起该事故。该起事件造成400人中毒、42人死亡，产生极其恶劣的社会影响。南京市中级人民法院依法判决陈正平死刑，剥夺政治权利终身。

甘肃平凉特大投毒案：2011年4月7日，甘肃省平凉市发生疑似食物中毒事件。被告人马某、吴某夫妇因与同一合作社的一对夫妇发生矛盾，怀恨在心，意图报复，向其家的牛奶桶投放亚硝酸盐。这致使客户中，35人食用后中毒、3人因此而死亡。一审法院以犯投放危险物质罪，判处马某死刑、吴某无期徒刑。

此外，还有一些重大中毒事件。比如：2014年苏州某农药厂的"毒地"事件、2014年武汉的"毒地"事件、2015年深圳的"毒跑道"事件、2015年江苏常州某外国语学校的污染事件、2016年江苏一农药厂搬迁原址埋固废变"毒地"事件等。

2. 案例分析

党的十八大报告把教育放在改善民生和加强社会建设之首，报告中强调"把立德树人作为教育的根本任务"。《左传》也有载"太上有立德，其次有立功，其次有立言，虽久不废，此之谓不朽"。可见"立德树人"是教育的根本。德育为先，是大学教育必须坚持的原则；促进学生全面发展，是大学教育必须贯彻的信条；培育学生的健全人格，是大学教育必须承担的责任；培养真正德才兼备的高级人才，是大学教育的根本目的。可借投毒、中毒案例，对学生进行生命教育，引导学生热爱生命、珍惜生命，引导其树立正确的人生观和社会主义核心价值观。

此外，此案例还可用于"安全性"等管理毒理学相关知识点的讲授中，阐释对危险化学品进行有效管控的重要性和实际意义。

表2-1 危险化学品管理相关的法规政策

法律法规层次	主要法律法规举例
国家根本法	《宪法》
国家基本法	《宪法》《民法》
劳动综合法	《劳动法》
安全生产基本法	《安全生产法》《职业病防治法》
安全生产专门法	《消防法》《交通安全法》《矿山法》
安全行政法规	《危险化学品安全管理条例》《使用有毒物品作业场所劳动保护条例》《安全生产许可证条例》《特种设备安全监察条例》《工伤保险条例》等

《危险化学品安全管理条例》是为加强危险化学品的安全管理、预防和减少危险化学品事故、保障人民群众生命财产安全、保护环境而制定的国家法规。该法规在2002年1月9日国务院第52次常务会议通过，2002年1月26日中华人民共和国国务院令第344号公布，自2002年3月15日起施行。

通过相关法律法规的介绍及相关案例的综合分析，指出现代毒理学具有理论性和实用性双重特性，与日常生活、工作息息相关，对于确保大众健康生活和安全生产有重要意义。借此激励学生投身毒理学研究及相关工作，激发其对毒理学及相关领域的热爱，继而达到智育与德育的有机融合，实现立德树人的根本任务和目标。

参考文献

GRANDJEAN P. Paracelsus revisited：the dose concept in a complex world [J]. Basic and clinical pharmacology and toxicology, 2016, 119 (2)：126-132.

第三章 化学毒物在体内的生物转运与生物转化

第一节 课程思政教学设计

一、案例教学适用范围

本案例适用于本科生和研究生的"毒理学基础""毒理学研究方法与技术"等课程中"化学毒物在体内的生物转运与生物转化"相关章节的教学。

二、课程教学目标

1. 知识目标

要求学生掌握外源化学物生物转运、转化的意义及其有关过程；掌握跨膜转运类型和机制、吸收的途径和机制、分布过程的影响因素、排泄的途径及机制、化学物代谢转化的类型及意义；熟悉毒物代谢酶的基本特性，毒物代谢酶的分布，毒物代谢酶的诱导和激活、抑制和阻遏；熟悉影响化学物生物转化的因素；了解毒物动力学过程评价。

2. 能力目标

（1）通过对本章节的学习，让学生能够掌握化学物质在生物体内的动态变化过程和影响因素，从而理解生物转运与生物转化因素在化学中毒评估、诊断和祛毒中的意义。

（2）通过对本章节的学习，让学生能够理解利用物种代谢差异设计药物的原理。

3. 价值目标

通过课程讲授，让学生了解在药物开发和安全性评价研究工作与标准制定方面存在的挑战和展望，培养其科学兴趣和职业责任心。

三、教学方法

本章课程教学采用理论讲授，利用教师讲授提问、学生思考讨论等方式来完成课程教学的知识目标、能力目标和价值目标。通过课程讲授，引导学生认识外源化学物生物转运、转化的意义及其有关过程，并结合生活中的常识问题，提高学生学习的积极性和主动性。

第二节 课程思政案例及分析

一、闪闪发光的"镭女郎"

1. 案例正文

1927年秋天，美国新泽西州的法医查理斯·诺里斯以及法医小组的毒理学家亚历山大·盖特勒，被要求调查一名已逝5年的女性。就此，一种可怕的新毒药进入了公众的视野。

这个故事始于1898年，玛丽和皮埃尔·居里从铀矿中提取出了镭。到了今天，众所周知镭是一种放射性极强的元素，在其衰变过程中还会生成放射性气体氡，并发出蓝绿色的荧光。但是当时，人们并不了解镭这种物质，更不知道居里夫妇均死于镭辐射。这种能在黑暗中闪闪发光的物质，被当时的人们认为是一种神奇的物质，并普遍认为其有益于身体健康。因此，镭几乎立刻被投入医学实践。例如，当时约翰·霍普金斯医院的创始人之一霍华德·凯利,将镭用于治疗宫颈癌、子宫癌等恶性肿瘤。1915 年,凯利就尝试在宫颈癌的病例中使用镭,甚至将氡种子植入以前被认为无法手术或"入院无望"的病人的肿瘤中。而且,镭被应用到痤疮、精神病等各种疾病的治疗中。美国和欧洲在当时就掀起了一股"镭热",将镭添加到包括饮料、面霜、牙膏等各式各样产品中。商人们对其进行了铺天盖地的宣传。比如,杯子含有镭,能够使每一口水都含有放射性物质,治疗体内的各种疾病;牙膏含有镭,会使人的牙齿光洁如新,在夜晚散发美丽的光芒;温泉水加入镭,可以使人延缓衰老、永葆青春;等等。

很快,一个钟表公司看中镭发出荧光的这一特性,在表盘中加入镭,制作成夜明手表。当时正处于战时,前线的士兵们发现这种发光的手表正好能用于在夜间阅读文件,并且不会被敌人发现。一时间,在工作轻松、报酬高,又能与镭打交道的诱惑下,大批女孩进入表厂工作。在每次涂表盘前,女孩们都会将蘸有涂料的刷子嘬一下,这样可以将笔尖的毛聚拢,更好地绘制表盘。不仅如此,她们还将剩余的镭撒在头发上或者涂在指甲上,甚至还会像化妆一样用在面部。

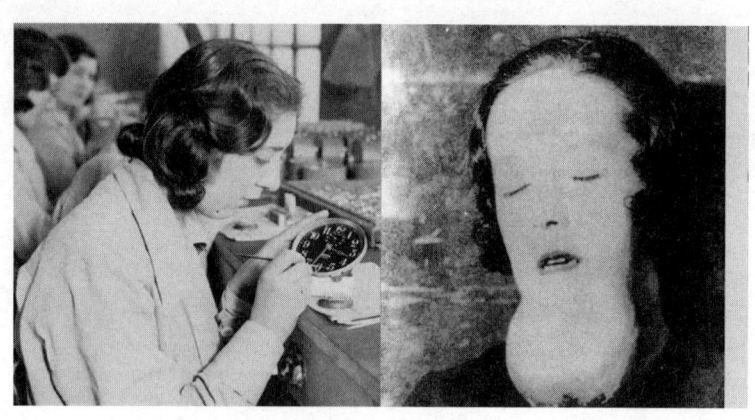

图 3-1 受镭辐射后的女工下巴长出了巨大的肿瘤

渐渐地,异样的事情发生了。1914 年,一位在钟表厂工作 4 年的女孩阿米莉娅因为身体原因提出离职,她发现自己的体重一直在下降,而且还不停地吐血,不仅如此,她的牙齿也开始脱落。

X光显示她的下巴正在腐烂，像是被虫蛀了一样，但是谁也说不清楚这到底是怎么回事。几周后，更可怕的事情发生了，牙医在为她检查口腔时，仅仅用手指就把她的下腭摘了下来。

1922年9月12日，年仅25岁阿米莉娅去世了，但这只是噩梦的开始。次年，又一名在钟表厂工作的女孩因相似的病症去世了，受害者一个接着一个……这些女孩在生前都出现了溃疡、贫血、骨质疏松，甚至是肿瘤的症状，并且她们都有着担任表盘绘制师的经历。

渐渐地女孩们认识到，她们所接触到的镭可能是一种剧毒物质。于是1925年，"镭女郎"们集体起诉，将钟表公司告上了法庭，可公司却否认这些女孩的死与镭有关，因为大多数受害者都是在离职之后很久才出现症状，而在当时人们的认知中，没有哪一种毒药需要经年累月才会发挥作用。公司声称这些女工之所以号称自己的病与镭有关，只是想骗公司的钱。这些黑心的商家还买通了医生，将她们的死因都改成了梅毒。

公司想打拖延战，他们知道只要拖到这些女工们都病死了，他们就赢了。可参与尸检的法医哈里森·马特兰坚信这些女孩是死于镭，他找来了自己的同事——法医毒理学家亚历山大·盖特勒。为了在阿米莉娅的残骸中找到镭，盖特勒设计了一个实验：他在暗房中用黑纸将几张X射线感光纸盖住，以防止感光纸曝光，然后将处理过的骨头和粉末放在黑纸上，并用另外一组正常人的骨骸做对照。理论上说，如果这些骨头具有放射性，那么射线就会穿透黑纸，让底片感光。10天后，盖特勒再次进入暗房，将覆在感光纸上的黑纸移开。结果，放置阿米莉娅骨灰的感光纸上布满了星星白点，而放置正常人骨灰的则漆黑一片。盖特勒证明了这些骨头中确实含有镭，至此，已过世的"镭女郎"们的死因终于真相大白。并且，如果连死去5年的阿米莉娅的遗骨都具有放射性，那么那些还在世女孩的骨头一样具有放射性。

正常情况下，机体会把钙输送到骨头，使得骨头更加强健。镭这种物质在化学性质上与钙很相似，于是机体也会将镭输送到骨头，而镭在骨头中蓄积下来后会永远留在人的体内，并在人体内产生衰变反应,这个过程中会产生两种射线:α射线和γ射线。α射线在体外并不会对人体构成危险,但是被摄入人体内之后,它会分裂骨头,将这些"镭女郎"的骨头弄成马蜂窝,因此,镭也被称为"蚀骨者"。

没有一个接触过镭的女孩能够逃过厄运,医生们也束手无策。人们对镭的崇拜终止了,没过几年,含镭产品的市场便崩溃了。"镭女郎"的声音终于得到了倾听,她们用临终的呐喊,破除了美国人对镭的迷信。如今,那些埋葬在地下的"镭女郎",她们的尸骨依然发着幽幽的光。

2. 案例分析

人类对世界的认知,随着科学的进步而不断加深。这一过程,少不了毒理学的贡献。其实,在镭刚问世的时候,皮埃尔·居里为了告诫人们镭是一种可怕的物质,曾经将自己的手臂暴露在镭射线中几个小时,之后他的手上出现了经久不愈的溃疡。可是这并没能使人们认识到镭的危害,当时的人们还认为镭在体内很快就会被代谢掉,少量地摄入镭会有益于健康。可是事实并非如此,镭具有非常强的稳定性,其中最稳定同位素的半衰期甚至长达 1600 年。可以说,当时人们对镭认识的不足直接导致了"镭女郎"的悲剧。

如今,镭在体内的转运、转化过程已经被大家所熟知了,作为毒理工作者,我们正在对一切可能危害人类健康的物质进行研究,更加深知掌握好外源性化合物在不同生理状态下体内的吸收、分布、代谢及排泄过程的重要性。希望各位在今后的工作学习之中,能够牢记以往的惨痛教训,为守护人民群众的安全奉献终生;同时要像哈里森·马特兰和亚历山大·盖特勒一样,有坚持追求科学真相的勇气和毅力。

二、关于 FDA《临床实验中种族数据和民族数据的收集》指南

1. 案例正文

2005 年 6 月 23 日,美国食品药品管理局(FDA)批准了一种叫

作拜迪尔（BiDil）的药物，这种药物主要应用于治疗心力衰竭，据其开发者称，这款药物主要是针对黑人患者所开发的。这是 FDA 批准的第一个种族特异性药物。

拜迪尔的发明者是明尼苏达大学的心血管病专家——科恩博士。药物由两种常见的血管舒张剂——盐酸肼屈嗪和硝酸异山梨酯混合制成。

在 1997 年年初，FDA 拒绝通过拜迪尔的新药申请，理由是相关实验的数据太过混乱。在遭到 FDA 的拒绝之后，科恩博士又重新整理了以往收集了 15 年的数据，将其根据种族进行分析，并且在接下来的论文中声称该药的疗效具有明显的种族差异。而在后续临床试验的 1000 多名非裔受试者中也发现，服用拜迪尔的受试者死亡率降低了 43%，因心力衰竭导致的首次住院率降低了 33%。这时候，科学家们才意识到这是一款针对黑人患者的血管舒张特效药。

随后，FDA 正式发布了《临床试验中种族数据和民族数据的收集》。该指南写道：建议在美国以及在外国开展的由 FDA 管理的临床试验中，采用标准化的方法收集并报告种族和民族资料。而在 1998 年制定的最终法案，即人口学法规中，规定新药临床研究（IND）持有者要在其年度报告中加入受试者的年龄、种族及性别的分类信息，同样，在进行新药申请时，申请者需要上报相关人口学亚组的有效性和安全性数据。

我国的法规虽然尚未要求申办者上报上述相关信息，以及对特殊亚组是否需要调整剂量或给药间隔的分析，但是这份指南及其提供的例证给予我们有益的启示。

药物种族差异是指种族差异所导致的同一种药物在不同种族人群中的安全性、疗效、剂量和给药方案等不同。这些差异，可能由内在因素（比如遗传、性别，年龄等）所致，也可能由外在因素（比如饮食、宗教信仰、环境暴露、社会文化问题）所致。内外因素的相互作用，也可能引起差异的产生。例如在美国，与亚裔和非裔相比，白人群体中 CYP2D6 生物酶的表达水平异常低下的现象更为常见。这是一种与代谢有关的生物酶，起着药物代谢的作用。另外，一些研究显示，有几类抗高血压药物（β阻滞剂和血管紧张素转化酶抑制剂）对黑人的疗效很差。皮肤结构和相关生理特征的种族差异能够影响皮肤用药和外用产品的疗效。临床研究也证明，与其他种族亚组相比，黑人种族对干扰素-α的应答率更低。

其实不仅仅是种族差异，早在20世纪80年代初期，FDA就开始关注药物在不同人群中的差异现象，并在1989年发布了关于老人应用药物的研究指导原则。1993年，药物临床评价中性别差异研究和评价的指导原则主要适用于分析药物的性别差异以及女性人群的药代动力学。这一指南还废除了以往早期临床试验中要剔除有怀孕可能性的女性这一规定。后续工作中，FDA成立了女性和少数民族工作小组，以达到现代化法中关于在临床试验中纳入女性和少数民族人群的要求。2002年，最佳儿童药品法案要求FDA对儿童参与的药品临床研究中的种族和人种信息进行检测。

当今，在全球贸易逐渐加深的背景下，国人会经常接触到进口的外国创新药。既然药物在不同种族之间的作用差异已经得到了初步证明，那么我们该如何面对这种局面呢？

对于国外新上市而国内未经批准的药物，不能盲目使用。例如，2012年10月，止疼药他喷他多口服溶液在美国批准上市，但国内大多数专家认为引进这种药前，应当再次在中国人群中进行临床试验。北京和睦家医院药剂师冀连梅表示，经国外批准上市的药物不一定有亚洲人的试验数据，因此一些药物可能存在疗效和剂量的差异。以心血管药普萘洛尔为例，若想使患者心率下降20%，其所要求的血浆药物浓度黄种人比白种人低一半左右。也就是说，要想达到理想的疗效，黄种人所应用的剂量要更小。而如果与白种人使用同样的剂量，黄种人就可能因药物过量出现不良反应。首都医科大学附属北京朝阳医院药事部主管药师张征也表示，进口的药物在国内经过临床试验后，上述的相关差异将会在说明书中标注出来。而未经国内审批的新药，很可能因为缺少这方面的数据，产生用药剂量不合理的现象。另外，并不是国外的药物就比国内的疗效好，目前国内的常用药已经能够满足市场的基本需求，并且其效果与安全性都是有保障的。不过，在一些特殊情况下,由于 FDA 有专门针对罕见病药物的快速审批通道,所以会更快地实现药物的上市。因此在国内还未上市的情况下,考虑到治疗的必要性,建议患者可以与医生共同协商并签署相应的知情同意书,通过正当途径购买使用。

2. 案例分析

外源性化合物,包括药品,其在生物体内的生物转化和转运都是复杂多变的,上述药物作用的差异正是种族差异所导致的。这种差异在不同物种、不同种族、不同个体,甚至是同一个体的不同部位之间均存在,其可以表现为物质的 ADME 过程,如:相关生物酶的诱导与阻遏、抑制与激活在不同个体间可能存在显著差异。此外,在我国许多药品的实验中,为了避免女性孕期或经期激素等因素的影响,实验管理者往往倾向选用男性志愿者,因此大多数结果都是基于男性志愿者的生理数据所获得的,那么在实际应用中,就可能会出现疗效方面的性别差异。FDA 的这一指南也提示了我们在这方面研究的欠缺和不足。在毒理学的实际工作中,我们不仅要关注不同物种之间的差异,而且要对不同种族之间,甚至是不同性别、年龄之间的差异加以考虑。这需要我们研究人员主动学习,掌握跨学科知识,拥有敏锐的科学触觉,对于有争议和有矛盾的科学问题,也要有坚持探究、打破砂锅问到底的精神。

参考文献

[1] GUNDERMAN R B, GONDA A S. Radium girls [J]. Radiology, 2015, 274 (2): 314 – 318.

[2] SANKAR P, KAHN J. BiDil: race medicine or race marketing? [J]. Health Aff (Millwood), 2005, 455 (5): 63.

[3] 李健,杨进波,王玉珠. 药代动力学种族差异的评价与思考 [J]. 中国临床药理学杂志, 2020, 36 (6): 725 – 728.

第四章 毒作用机制

第一节 课程思政教学设计

一、案例教学适用范围

本案例适用于本科生和研究生"卫生毒理学""现代毒理学"等课程中"毒作用机制"相关章节的教学。

二、课程教学目标

1. 知识目标
(1) 掌握毒物在机体内的吸收、分布、代谢和排泄的过程。
(2) 掌握毒物毒作用的表观遗传机制。
(3) 熟悉细胞调节功能障碍、修复障碍。
2. 能力目标
(1) 通过案例讨论,让学生能够更加全面地了解毒物进入机体后的过程。
(2) 通过案例讨论,让学生能够主动加深对毒作用机制的理解。
3. 价值目标
(1) 通过小组案例讨论的教学活动,增强学生的学习主动性、成就感和自信心,培养团队协作能力。
(2) 通过案例教学,让学生了解毒理学在医学研究中的重要作用，树立学生的学术道德和规范意识，激发学生的创新精神，培养学生的爱国情怀和社会责任感。

三、教学方法

本章课程教学适宜采用翻转课程教学。学生需提前自学慕课和讨论案例，线下理论课程授课可充分结合教师讲授、学生讲课、小组案例讨论等授课形式。教师提出讨论问题，将课程教学的知识目标、能力目标和价值目标融入案例讨论。理论联系实际，提高学生学习的积极性和主动性。

第二节 课程思政案例及分析

一、百草枯：给你后悔的时间，却不给你后悔的机会

1. 案例正文

2021年10月1日，在湖北武汉的一条公路上，一辆救护车疾驰而过，车上载着一名13岁的女孩，她的生命正在和时间赛跑。因为和朋友吵架，女孩一时冲动，喝下了被称为"农药之王"的百草枯。女孩虽然被及时抢救，且她的肾脏损害程度也不是很严重，但考虑到她喝下的量比较大，所以医生对于女孩的病情并不是很乐观。通常喝下百草枯的病人，不会立即死亡，而是在1周到1个月内缓慢死亡。在喝药最初的24小时，女孩口腔和嘴唇会开始溃烂。在前几天，女孩的精神和身体状态看上去就像没生病一样，但最终女孩会因为肺部纤维化、不能呼吸而产生一系列严重后果，整个死亡过程缓慢而痛苦。这种农药没有解药，成年人只要喝下5～10毫升就可致死，而女孩却一口气喝下了40毫升。几天后，女孩的生命消失在了13岁的

花季。

百草枯又名对草快,在国内其商品名为克芜踪,是一种快速灭生性除草剂,具有触杀作用和内吸作用。因其具有良好的除草特性以及低污染、低残留等优点,在世界农业生产中得到广泛应用。但它对人的毒性极大,并且没有特效解毒剂,口服中毒死亡率可达 80% 以上。人一旦误服,后果将会是极其严重的。我国于 2016 年 7 月 1 日停止百草枯水剂的销售和使用。但是因其除草效果好、生产成本低廉,仍有不法商贩进行地下交易,即通过给百草枯水剂取其他名称或者将百草枯作为主要成分加入其他水剂中进行售卖,致使急性百草枯中毒的病例日益增多,严重地威胁着人们的生命安全[1]。

毒物在机体内的转归包括吸收、分布、代谢和排泄四个过程,即毒物的 ADME 过程。毒物从接触部位进入血液循环的过程,称为毒物吸收。百草枯可经完整皮肤、呼吸道和消化道吸收。百草枯中毒的患者中以口服中毒方式居多,口服吸收率为 5%~15%。百草枯经胃肠道吸收后进入血液循环。临床资料显示,口服吸收后,百草枯几乎不与血浆蛋白结合,2 小时后达血浆浓度峰值,15~20 小时后血浆浓度缓慢下降,在 6~18 小时内可分布在全身各组织、器官中[2]。毒物经过分布过程到达其作用的靶部位。肺脏是百草枯中毒的主要靶器官,进入体内的百草枯被肺部细胞摄取并于肺部蓄积。肺泡上皮细胞可主动转运百草枯至细胞内,使肺组织百草枯浓度达到血浆内浓度的 10~90 倍。这是由于肺部存在胺类物质转运系统,而百草枯和二胺、多胺及二胺二硫胱胺具有结构上特殊的相似性,当血浆内存在大量百草枯时,百草枯与胺类物质竞争,被肺泡细胞摄入。这个转运过程主要是通过肺泡上皮 II 型细胞和气管的克拉拉细胞进行,肺泡上皮 I 型细胞也能摄取部分百草枯,从而导致肺部损伤远超过其他脏器系统损伤,所以急性肺损伤及急性呼吸窘迫综合征是百草枯中毒的主要死亡原因。毒物的排出是指毒物及其代谢产物从血液中消除并返回外环境的过程。百草枯在体内很少降解,常以完整的原形物随粪、尿排出,也可经乳汁排出[3]。

2. 案例分析

百草枯中毒过程漫长而痛苦，案例中的女孩一时冲动想不开，喝下百草枯自杀身亡。女孩轻易放弃生命的行为令人感到无比痛心。据世界卫生组织（WHO）统计，全世界每年有超过 80 万人死于自杀，自杀是 15～29 岁人群的第二位死亡原因。青少年自杀率高居不下，我国每年逾万名青少年死于自杀。自杀成为我国 15～34 岁人群的首位死因，占所有死亡原因的 19%[4]。青少年是祖国的未来，但他们同时也是不成熟的，因为他们正处在人生的懵懂阶段，需要正确的引导来让他们健康成长。生命教育是帮助学生认识生命、欣赏生命、尊重生命、爱惜生命，提高生存技能和生命质量的一种教育活动。开展珍爱生命教育是促进大学生身心健康成长的必要条件。增强青少年关爱生命的意识，培养自我保护的能力，进而促进其健康成长，具有十分重要的意义。[5]

生命教育不仅可以通过一般的课堂教学进行讲解，还可以与学校的综合实践活动、德育主题日等活动结合进行；依托班级活动、主题纪念日、学生社团活动、寒暑假社会实践走访调查、志愿服务、素质拓展训练、见习实习等多种载体，对大学生开展生命教育活动，让大学生感悟生命的真谛，体验生命，理解生存与生活的价值。同时也可通过组织学生参观烈士陵园、革命纪念馆等德育基地，让大学生学会欣赏生命、珍惜生命，懂得生命的价值和意义；通过参观与生命活动相关的地方，如医院的产房、安宁病房等，让大学生理解生命的诞生与终结，从而能够正视死亡、热爱生命。

生命教育是一项系统的工程，光靠学校的力量，作用是非常有限的，还需要家庭、社会的密切配合和共同参与。学校、家庭和社会都要为青少年的健康成长营造一个尊重生命与热爱生命的氛围，用正面的舆论宣扬生命的价值，共同担负起对年轻一代生命教育的责任[6]。

二、祖辈生活经历影响孙辈的健康

1. 案例正文

明明、白白是来自湖南省的一对同卵双胞胎，已经4岁的他们活泼可爱。他俩看上去一模一样，就像复制粘贴的一样，外人很难辨别。明明、白白的到来给他们的家庭带来了极大的欢乐。他们也顺顺利利地成长。然而天有不测风云，2020年初，哥哥明明突然开始发高烧、咳嗽、咳痰，啼哭不止，皮肤上出现不少的出血点。父母赶紧将明明送到儿童医院。没过多久诊断结果就出来了，明明患上了儿童急性白血病。这结果如晴天霹雳一般，把这个普通的家庭推入了无尽的深渊。因为他们是同卵双胞胎，体内的遗传信息都是一样的，哥哥患了疾病，爸爸妈妈很怕弟弟也遭遇不测，于是他们又连夜带着白白做了全面的检查，诊断结果显示白白一切正常，这个结果稍微让这个不幸的家庭松了一口气，不至于雪上加霜。

体内拥有同样的遗传信息，为什么明明和白白的命运会截然不同呢？这种不同不仅体现在疾病上面，也体现在其他方面。我们可以发现，同卵双胞胎一般在同样的环境中长大，然而他们在性格、健康等方面会有较大的差异，这说明在DNA序列没有发生变化的情况下，生物体的一些表型却发生了不一样的改变。为了解答这些经典遗传学无法解释的现象，不少科学家进行了长期的研究与探索，他们发现表观遗传学有望部分揭示产生这些现象的原因。科学家发现同卵双胞胎虽然携带的遗传信息是一样的，但双方个体体内的DNA甲基化水平存在大量差异——这是表观遗传调控的一种。事实上，很多例子都证明了"表观修饰"的存在。

21世纪初的时候，有一位瑞典科学家开展了一项研究，他发现了一个有趣的现象：如果爷爷辈在他们年少时有大吃大喝的经历，那他们的孙子寿命就会比较短，得疾病的概率也会大大增加。这说明祖辈的生活经历对身体的影响可以遗传给他们的孙辈，而且爷爷奶奶辈在进入青春期之前的那段时间对于这种能遗传的作用最为重要。科学家们发现这种现象不仅可以在人类中发现，动物身上也存在类似的情况。例如让果蝇接触一种叫作盖达纳霉素的药物，它们的眼睛上就会长出赘疣。即使它们的后代不再接触盖达纳霉素，但眼睛上还会继续长赘疣[7]。

我们的祖辈在他们的人生历程中呼吸的每一口气，吃的每一口食物，经历的每一件事都可能会影响到我们。虽然我们自身并没有亲身经历过那些事，但那些事的结果会或大或小地显现在我们身上的。因为父代DNA表观响应环境信息，把它以表观遗传的形式储存起来，并传递给子代。所以表观遗传是基因的另外一种储存记忆的功能载体，在介导跨代表型中起着重要作用[8]。

2．案例分析

案例讨论题目示例：

（1）什么是表观遗传？

表观遗传是与遗传学相对应的一个学科概念，是指DNA序列不发生变化，但基因表达却发生了可遗传改变，这种改变在发育和细胞增殖过程中能稳定传递。其显著特点是在DNA序列没有发生改变的情况下，基因表达调控发生改变，并最终导致表型的变化[8]。

（2）表观遗传调控主要包括哪些？

DNA甲基化、组蛋白修饰、染色质重塑、非编码RNA。

（3）你对表观遗传调控有哪些理解？

随着研究的深入，表观遗传调控逐渐进入人们的视野，这是不同于经典遗传学说的又一种学说。它是指个体在发育和生长过程中受环境影响，表观遗传模式发生改变并遗传给了后代，但是遗传信息不改变的过程。经历大灾大难的双亲，体内遗传物质极有可能会被引起表观修饰，作为一种遗传性状传给后代。但是这些修饰不是一成不变的，不通过DNA序列改变而影响身体性状在外因消失以后，它产生的后果也会逐渐淡化消失，又回到原先的调控状态。然而它在以后数代或数十代中造成的影响仍是不能忽视的，有可能对我们的后代的健康状况造成不良的后果。不良的生活习惯（比如吸烟、酗酒、吸毒等）也会通过表观修饰影响我们的后代，但是一旦这些不良习惯被消除，这些行为所导致的改变又会逐渐减弱以致消失。所以我们无论是为了自己的健康还是后代的健康，都应该改变不良的生活习惯，养成健康的生活方式。积极运动，积极拥抱健康的生活，毕竟这些行为可能会影响到我们后代的健康。

参考文献

[1] 章菲，王义兵，吴利东. 百草枯中毒机制及治疗进展 [J]. 实用临床医学，2020，21（4）：93-95，99.

[2] 李奇，钱进，黄琪锋，等. 百草枯中毒致肺损伤分子机制的研究进展 [J]. 海南医学院学报，2022，28（4）：309-314，320.

[3] 段琬钰，樊卓，张文迪，等. 我国2008—2018年急性百草枯中毒患者的流行病学分析 [J]. 河北医科大学学报，2022，43（1）：80-83.

[4] 王雅婷，肖水源，郭晓艳，等. 中国中学生自杀意念相关因素的系统综述和meta分析 [J]. 中国心理卫生杂志，2019，33（6）：464-469.

[5] 岳媛. 浅谈大学生珍爱生命教育 [J]. 神州，2013（23）：169，171.

[6] 刘芳. 珍爱生命，健康成长——广州部分高校生命教育现状调查 [J]. 太原城市职业技术学院学报，2012（1）：104-106.

[7] 朱钦士. 生殖细胞也喝"孟婆汤"吗？——介绍一些"外遗传学" [EB/OL]. (2012-05-21), https://wap.sciencenet.cn/blog-582158-573354.html?mobile=1.

[8] 孙志伟. 毒理学基础 [M]. 7版. 北京：人民卫生出版社，2017年.

第五章 毒作用影响因素

第一节 课程思政教学设计

一、案例教学适用范围

本案例适用于本科生和研究生"毒理学基础""毒理学研究方法与技术"等课程中"毒作用影响因素"相关章节的教学。

二、课程教学目标

1. 知识目标

要求学生掌握影响外源化学物毒性作用的化学物因素、机体因素和环境因素以及外源化学物的联合作用及类型。

2. 能力目标

（1）通过本章节学习，让学生能够掌握影响外源化学物毒性作用的化学物因素、机体因素和环境因素。

（2）通过本章节学习，让学生能够掌握外源化学物联合作用及类型。

3. 价值目标

通过案例介绍和理论教学，让学生了解医学发展过程中对于物质毒性认识的过程以及评价毒作用的复杂性，树立学生正确的学术道德和职业道德，培养学生的社会责任感。

三、教学方法

本章课程教学采用理论讲授、案例介绍、学生思考讨论等方式来完成课程教学的知识目标、能力目标和价值目标。通过课程讲授引导学生了解毒作用的影响因素，提高学习的积极性和主动性。

第二节　课程思政案例及分析

一、毒理学先驱：唯物辩证法与传统医学的碰撞

1. 案例正文

帕拉塞尔苏斯（1493—1541）出生于瑞士，是一名医生、化学家和自然哲学家。他是文艺复兴时期在欧洲医学革命中多个领域的先驱，被后世誉为"毒理学之父"。帕拉塞尔苏斯在医学实践中强调观察与公认学说相结合的价值，对后来的现代医学运动产生了重要的影响。

帕拉塞尔苏斯自16岁开始在瑞士巴塞尔大学学习医学，1516年前后获得了意大利费拉拉大学博士学位。在帕拉塞尔苏斯工作生涯的早期，他努力寻求在书籍和医学院中没有的知识。为此他游历了法国、西班牙、葡萄牙、英国、德国、波兰、俄罗斯、埃及等众多国家。在长期的观察和实践中他对一些基本问题进行了思考，比如，生命与死亡的意义、健康与疾病的原因、人类与世界和宇宙的关系，以及自身与上帝的关系等，逐渐将自己对于医学、疾病、人生、世界的看法上升到了哲学的高度。他强调对于医学知识的探求不应该固守传统，而要走出医学院、不耻下问、积极地向街头巷尾的市井人士学习。在18世纪中叶前，人们对于疾病起源的主要看法来自希波克拉

底的四体液学说。这一学说在公元2世纪被盖伦进一步发展为人类气质类型理论，长期以来被主流医学界视为"圣经"。帕拉塞尔苏斯是第一个敢于公开反对这一学说的学者。他认为人体的疾病变化不仅仅是由于人体内部因素变化引起的，同时受到人体以外因素的影响，包括环境以及源自食物中的有毒物质。这一观点已初步奠定了现代环境医学的理论基础，明确地提出了内因和外因是疾病发展原因和动力的唯物辩证法观点。

帕拉塞尔苏斯在自己的医学著作 *Third Defense* 中提出了现代毒理学的经典理论。他说："只有剂量决定了一个物质是否是毒物。"他认为所有的天然物质都对机体都有两个方面的影响，一种是有益的，另一种是有害的。因此帕拉塞尔苏斯常使用一些通常认为具有毒性的物质进行治疗，如使用黑藜芦来缓解特定情况下的动脉硬化，以及将铁用于治疗贫血等。帕拉塞尔苏斯对物质毒作用的辩证观点体现出了他对于物质作为矛盾的统一体的初步理解。每种物质都包含着相互矛盾对立的两个方面，以不恰当的方式使用药物有可能对机体造成严重的损伤，而恰当地使用毒物则可能起到治疗的效果。我国哈尔滨医科大学张亭栋教授领衔的三氧化二砷（砒霜）治疗急性早幼粒白血病研究就体现出了这一观念在医学上的应用。在帕拉塞尔苏斯的理论基础上，现代毒理学将以往对于物质毒作用的理解进一步完善，指出了物质本身特性、接触物质的生物体自身、暴露的方式、环境因素以及多种物质的联合作用等对于物质毒作用的影响，进一步丰富了毒理学的理论基础。

2. 案例分析

理解毒作用是认识毒物的基础，可引用帕拉塞尔苏斯对毒物的看法作为案例，向学生强调毒作用不是一成不变的，而是特定物质在特定条件下的特定作用。在剂量等条件发生转变的情况下，毒作用可能转化为非毒作用，此毒作用也可能转化为彼毒作用。这提示我们在进行物质毒性的临床研究和基础研究的过程中，必须尊重客观规律，把握实际情况，依据条件的不同对物质的毒性进行细致的观察和客观的记录，并加之系统的整理，这样我们才能对毒性及毒作用的本质产生整体性的认识。物质内部的有害方面和有益方面是对立统一的矛盾体，因此在毒理学实践中我们应该采用唯物辩证法矛盾论的观点看待毒作用，用一分为二的观点分析物质的毒作用，而不是片面地去把物质划分定义为毒物或非毒物。

这个案例还体现了帕拉塞尔苏斯勇于挑战权威的精神和擅长独立思考的特点。所谓经典理论正是在后人的不断批判中才得以发展的。该案例也让学生们明白，在课程实践和未来的工作中，应当在吸收和领会经典理论的同时做到不迷信权威，在自己的工作实践中不断体会和独立思考，努力将已有的理论进一步发展，去伪存真，提取其精华。

二、证明毒性有多难：美国杜邦化学公司 PFOA 事件

1. 案例正文

1998年美国律师罗伯特·比洛特收到了住在西弗吉尼亚州帕克斯堡的外婆邻居的求助，邻居坦南特声称自己上百头牛中毒死了。他认为附近的杜邦化学公司的工厂排放污水，应该为此负责。比洛特是一名资深的环境法律师，但是他的主要工作不是向普通公民提供法律援助，而是为大型化工企业提供辩护服务，因此他并不是处理这类事件的合适人选，但是出于礼貌他答应去现场看一看。在外婆邻居的农庄中比洛特看到了骇人的景象：树木衰败、田园荒芜，小溪中涌动着令人作呕的白色泡沫，死去家畜的坟墓成片，还存活的几只母牛几乎都存在着不同程度的疾病，新出生的小牛有着严重的畸形。比洛特对眼前的景象感到震惊，出于良知，他承诺代理这个案件。他说："这是一个非常好的机会，我可以将我的环境法背景用于真正需要它的人。"在那时，比洛特还没有意识到自己日后将面临多么巨大的困难和挑战。

次年，比洛特在西弗吉尼亚州南区对化工厂的所有方杜邦公司提起了联邦诉讼。杜邦公司很快进行了回应，公司提供了第三方兽医的

调查报告，认定家畜的死亡是由于饲养不当造成的，与杜邦公司化工厂无关。同时由于大量当地居民是杜邦公司的雇员，公司要求他们不能为比洛特的调查提供帮助，这使得调查取证工作举步维艰，在相当长的一段时间内毫无进展。

然而，比洛特的努力并没有白费，在杜邦公司公布的堆积如山的资料中他发现了一个反复出现的缩写词——PFOA。在查找了很多资料后他才知道这是全氟辛酸的缩写。杜邦公司使用 PFOA 来防止特氟龙等涂料在生产过程中结块。在请求法院强制杜邦公司公布 PFOA 的机密研究资料后，他得到了杜邦公司以及发明 PFOA 的 3M 公司横跨近半个世纪、超过 11 万页的研究资料。比洛特花费了数月的时间阅读了这些资料之后，他开始明白了事情的原委。1947 年 3M 公司发明了 PFOA，仅 4 年后杜邦公司就开始采购 PFOA 用于生产不粘锅涂料特氟龙。早在 1961 年杜邦公司的研究人员就发现这种化学物质对小鼠和兔子的肝脏造成损伤，并且 PFOA 入血后可以与血浆蛋白结合，到达身体的每个器官。20 世纪 70 年代杜邦公司发现工厂工人的血液中有高浓度的 PFOA。不久公司又发现摄入该物质会导致大鼠的出生缺陷，并且发现在特氟龙生产部门的员工产下的 7 个孩子中，有 2 个孩子的眼睛出现了先天缺陷。20 世纪 90 年代，公司又陆续发现了 PFOA 的 DNA 损伤作用以及会导致实验动物发生睾丸癌、胰腺癌和肝癌。然而使用 PFOA 制造的产品是杜邦公司业务的重要组成部分，杜邦公司在明知 PFOA 有害的情况下，仍然没有淘汰 PFOA。几十年间，杜邦公司通过帕克斯堡工厂的排水管将数十万磅的 PFOA 粉末排入俄亥俄河中。水质检测发现在西弗吉尼亚地区有多块区域的 PFOA 超标，影响人口数以十万计。

然而比洛特仍然需要证明 PFOA 和当地居民的疾病之间有直接联系。为此，比洛特在其律所的支持下以每人 400 美元的代价动员了 6.9 万当地居民参与调查。最终经过长达 7 年的调查取证、生物样品检测、流行病学分析，2011 年专家终于认定长期暴露 PFOA 与肾癌、睾丸癌、甲状腺疾病、高胆固醇、先兆子痫和溃疡性结肠炎之间存在可能的联系。最终在 2015 年联邦法院判处杜邦公司赔偿 6.7 亿美元以了结杜邦公司面临的集体诉讼案件。同年，美国环保署禁止在民用商品中使用PFOA生产特氟龙。这件事情看似得到了一个圆满的结局，但是与PFOA同类型但没有受到监督监管的合成化学物还有6万多种，涉及我们生活的方方面面。

2．案例分析

PFOA从首次被发现对人体有害到被禁止使用历经了半个多世纪，由此可见对于物质毒作用研究的复杂性，而这种复杂性正是来源于多种多样的影响因素。我们生活的环境中毒物暴露的真实场景是极其复杂的，条件是千变万化的。因此，我们在了解一个物质的毒性和毒作用时应当充分考虑在多种不同作用条件下的结果，这样才能对物质的毒作用给予完整的评价，得到符合实际情况的结果。在这一案例中美国环保署最终也是综合了多物种、不同时间跨度、不同类型的研究结果，经过多重的审议，最终才决定将PFOA列为禁止民用的化学品，由此可见这一过程的艰难。

在这个案例中，我们应当学习罗伯特·比洛特律师追求真相过程中所表现出的良知和求索精神。而作为一个学习卫生毒理学的学生，我们都应当对生命和健康具有责任感，对弱势群体富有同情心，我们都应当在未来相关的工作场景中严守职业道德，对工作内容做到科学、客观、公正，这样才有可能做出有益于社会、有益于人民的工作成果。

参考文献

［1］BORZELLECA J F. Paracelsus：Herald of Modern Toxicology［J］. Toxicological Sciences，2000，53（1）：2-4.

［2］MICHALEAS S N，LAIOS K，TSOUCALAS G，et al. Theophrastus Bombastus Von Hohenheim（Paracelsus）（1493—1541）：the eminent physician and pioneer of toxicology［J］. Toxicology Reports，2021，8：411-414.

［3］RICH N. The lawyer who became DuPont's worst nightmare［J］. The New York Times，2016，6.

第六章 毒理学实验设计

第一节 课程思政教学设计

一、案例教学适用范围

本案例适用于本科生和研究生"卫生毒理学""现代毒理学"等课程中"毒理学实验设计"相关章节的教学。

二、课程教学目标

1. 知识目标
（1）掌握毒理学实验动物的选择、染毒方式。
（2）掌握毒理学实验的设计原则。
（3）熟悉毒理学实验的结果处理与分析。

2. 能力目标
（1）通过案例讨论，让学生能够初步具备设计毒理学实验的能力。
（2）通过案例讨论，让学生能够主动加深对毒理学实验的理解。

3. 价值目标
（1）通过案例教学，激发学生对毒理学科学研究的兴趣，树立学生的学术道德和规范意识。
（2）通过案例教学，培养学生的人文主义情怀，激发学生对新一代毒性测试的兴趣。

三、教学方法

本章课程教学采用理论讲授、案例介绍、学生讨论的方式完成课程教学的知识目标、能力目标和价值目标。在理论讲授的基础上，通过案例介绍，引导学生进行思考与讨论，激发学生对毒理学科学研究的兴趣，树立学生的学术道德和规范意识。

第二节 课程思政案例及分析

一、实验结果的可重复性

1. 案例正文

可重复性是毒理学实验设计的基本原则之一。重复论文结果是科学研究的一项基本工作。一般来说，研究人员需要在前人研究成果的基础上进行创新，所以应该测试验证前人已有的、与自己正在进行的科研项目相关的科研成果，按照前人的研究论文，复制其方法过程，验证其研究结果是否成立。然而，当实验结果无法重复时，原实验结果的真实性就会受到质疑。

2021年，纳米毒理学与纳米药物学领域世界知名科学家、加州大学洛杉矶分校 Andre E. Nel 教授组撤回了其 2018 年发表在 *ACS Nano* 的文章 "Breast cancer chemo-immunotherapy through Liposomal delivery of an immunogenic cell death stimulus plus interference in the IDO-1 Pathway"，在学术界引起了巨大轰动。多名科学家在著名"科研打假网站"Pubpeer 上公开质疑了 Andre E. Nel 教授组发表在 *ACS Nano* 上的文章。质疑的原因包括同一作者在不同文章中报道的结果完全相反，且存在数据捏造、图片重复使用等问题。最后，该文章作者于

2021 年 5 月 21 撤回了该文章。

2015 年 5 月，大连理工大学黄某团队在 *Scientific Reports* 上发表题为"A compact photometer based on metal-waveguide-capillary：application to detecting glucose of nanomolar concentration"的研究论文。该研究开发了一种基于金属波导毛细管的紧凑型低成本光度计，用于超灵敏吸光度检测。但是，在 2021 年 6 月 2 日，该文章被撤回，主要原因是所用的试剂可能受到污染，导致结果无法重复。该研究将金属波导毛细管的光度计应用于两个样品：红墨水溶液和葡萄糖溶液。然而，研究者后来发现无法重现使用红墨水溶液的检测结果，这可能是由于红墨水溶液受到污染。鉴于此，报告的性能指标和光路增强以及建议的光散射机制被认为不正确。

2016 年 5 月，河北科技大学副教授韩某在世界顶级学术期刊 *Nature Biotechnology* 上发表了一篇题为"DNA-guided genome editing using the Natronobacterium gregoryi Argonaute"的论文。2016 年 7 月，澳大利亚国立大学的一位研究者盖坦·布尔焦表示，他和同事经过反复多次的尝试后，最终发现：Natronobacterium gregoryi Argonaute（NgAgo）不能如文献描述的一样进行基因编辑。他建议 *Nature Biotechnology* 杂志社要求韩春雨公开其实验的原始数据。另外，美国、西班牙等多位科学家也纷纷表示，无法重复韩某所述的 NgAgo 系统的基因组编辑结果。在经历过长达一年多的纷争和等待后，2017 年 8 月 3 日，*Nature Biotechnology* 杂志社同意韩某等作者的撤稿申请，将这篇论文撤稿。

2020 年 1 月，2018 年诺贝尔化学奖得主 Frances Arnold 同样因无法重复其论文结果，撤回了一篇发表于 *Science* 上的论文"Site-selective enzymatic CH amidation for synthesis of diverse lactams"。不仅仅是 Frances Arnold，诺贝尔经济学获得者丹尼尔·卡内曼，以及诺贝尔生理学或医学奖获得者琳达·巴克、迈克尔·罗斯巴等人也都有过这类撤稿经历。

因实验结果无法重复而导致撤稿的案例还有很多，由此可见实验结果可重复性的重要性。唯有可重复的实验结果，才有说服力，才有利于深入研究的开展。

2．案例分析

研究论文的可重复性是科学发展最重要的基础。科学研究的根本目的是创造新知识，知识的本质是对客观事物发展规律的分析和总结。偶然的不可复现的现象，可以成为一项科研工作的起点。但是如果一项工作的结果不是一个可复现的规律的升华，或者说无法得到新的知识，那它就是失败的工作。

研究的可重复性需要作者对研究对象、实验方案、统计方法等提供详细的描述，否则将给其他学者在重复其结果的过程中带来极大的困难。为了能够更容易实现重复结果，研究论文应该能够更有力地分享研究方法，即对研究方法、实验过程描述清晰，使读者可以按照论文的描述重复论文结果。

此外，维多利亚大学的社会心理学家约翰·萨卡卢克认为在研究者把研究成果写成论文发表之前，就应努力重复自己的结果，并公开发布。在条件允许的情况下，进行更大规模的实验，以确认这些假设，然后再将实验数据发表。

二、替代毒理学的发展

1．案例正文

随着毒理学的技术发展，越来越多的学者开始看重替代毒理学的发展。替代毒理学将成为未来毒性评价的重要发展方向之一。

替代测试的历史始于20世纪50年代西方国家的动物保护和动物福利运动，特别是英国科学家Russell和Burch在《人道实验技术原则》中提出的3R原则，即Reduce、Refine和Replace。用低等动物替代高等动物或完全非动物实验可以优化动物实验，以减少动物的痛苦和使用的动物数量是替代的起源。3R原则深刻影响了各国实验动物相关的法律法规，也刺激了替代实验研究的兴起。

替代毒理学的兴起不仅是出于对动物保护和动物福利的考虑，也是为了避免传统动物实验的缺点。动物实验的测试周期长、成本高，不可能高通量地获取毒性数据。同时，动物实验对人类的外推是不确定的。例如，药物动物实验的毒性结果不同于人体临床试验，动物实验的暴露剂量和暴露时间也不同于人体的实际暴露条件。为弥补传统动物实验的不足，新兴的替代毒理学迅速发展。

实验动物的替代方法主要是用低等动物替代高等动物，用组织细胞或计算机模拟等新方法替代动物实验。

目前，斑马鱼作为一种操作简单、成本低廉、测试周期较短的低等动物，在毒理学实验中被广泛应用。和传统的哺乳类动物模型相比，斑马鱼模型具有很多天然的优势[2]。斑马鱼个体小，可以使用96孔或者384孔板进行操作，可适用于高通量分析。斑马鱼产卵周期短、单次产卵量很大（100～200枚）、胚胎发育迅速，因此实验周期短，大部分实验能够在一周内完成。同时，斑马鱼的饲养成本相对低，因体型小所以占地空间小，同时药物用量少，仅为小鼠实验的1/100～1/1000。并且，斑马鱼体外受精，很容易获得适合用于生物医学研究的胚胎。斑马鱼在发育的前7天内身体透明，可以直接观察内部器官。最重要的是，斑马鱼和人类疾病信号转导途径高度保守。斑马鱼中人类同源基因的比例高达87%，一些疾病相关基因与人类基因的保守性高达99%。基于上述优点，斑马鱼现已成为替代传统实验动物的一个重要选择。

随着医学和毒理学研究模式的转变，体外模型取代实验动物也是毒理学发展的重要方向之一。体外毒理学实验是指利用游离器官、培养的细胞或细胞器、生物模拟系统来优化、减少或代替传统的动物实验，进行健康毒理学评价、环境安全性评价和其他相关科学研究。体外实验的优点是周期短、成本低，直接使用人体细胞，容易确定作用机制。此外，在有限的条件下，体外细胞毒性检测结果可根据药代动力学模型[1]外推并应用于体内研究。近年来，基于微流控器官芯片、诱导多能干细胞、细胞成像等技术的快速发展，体外替代方法的通量和准确性都有了极大的提高[3]，这也进一步提高了毒理学领域体外实验替代动物实验的可行性。

与此同时，计算机科学和生物信息学的发展提供了许多非实验方法，计算毒理学在此前提下应运而生。计算毒理学建立计算机模型来模拟和预测各类化学物的健康风险。与传统的毒理学研究相比，计算毒理学具有许多优势。例如，计算毒理学节约了实验动物，符合3R原则。在化学毒性评价中，大大节省了成本，提高了效率。计算毒理学可以通过大规模的数据筛选，极大地提高结果的准确性和重复性；同时，使用计算毒理的方法，还能够实现跨物种的外推。常用的计算毒理方法包括定量结构-活性关系模型（quantitative structure activity relationship，QSAR）、分组交叉参照（grouping and read-across）、毒理关注阈值（threshold of toxicological concern，TTC）、分子模拟、量子化学计算和有害结局路径（adverse outcome pathways，AOP）等，使得研究人员可以不通过实验手段即可评估受试物的毒性效应。

如今，越来越多的科学家聚焦替代毒理学，其相关的技术方法也在快速发展。我们也期待毒理学替代方法可以逐渐发挥其优势，取代动物实验。

2. 案例分析

毒理学的主要任务是评价外源化合物对机体可能造成的健康危害，并为控制化学物质对人类健康的危害、加强化学物质的管理提供科学依据。然而，随着工业的快速发展，新型化学物质激增，目前尚有数万种化学物质没有足够的毒性数据，并且这个数字还在不断增加。人们迫切需要快速获得积压的未经测试的化学物质以及新化学物质的毒性数据，以扩大评估的范围。因此，传统的毒理学评价方法面临着新的挑战。近几十年来，受动物保护主义与动物福利的影响，越来越多的科学家开始提倡实验动物使用3R原则。随着生物医学研究模式的转变，替代毒理学已成为毒理学发展的一个重要方向。替代毒理学对外源化学品的危害评价和管理具有重要意义。替代毒理学有很多优点，其既能提高毒性评价的效率，又能满足伦理的要求，如可以减少体内实验的影响因素、减少动物的使用、缩短实验周期、降低实验成本等[4]。

目前，欧盟和美国等众多发达国家已将毒理学替代法纳入法规管理的范围。2002年11月欧盟作出决定，从2009年起在欧盟范围内禁止使用动物进行化妆品毒性和过敏实验，也不允许成员国从外国进口和销售进行动物实验的化妆品。新的毒理学替代方法取代传统动物实验已经成为大势所趋。

参考文献

［1］管博文，李程程，孟爱民．实验动物替代研究进展［J］．中国药理学与毒理学杂志，2016，30（10）：1088．

［2］BASU S, SACHIDANANDAN C. Zebrafish：a multifaceted tool for chemical biologists. Chem Rev, 2013, 9; 113 (10): 7952 - 80.

［3］刘涛，郭辰，赵晓红．毒理学研究中的体外细胞毒性评价［J］．生命科学，2014，26（3）：319 - 324．

［4］LILIENBLUM W, DEKANT W, FOTH H, GEBEL T, HENGSTLER JG, KAHL R, KRAMER PJ, SCHWEINFURTH H, WOLLIN KM. Alternative methods to safety studies in experimental animals：role in the risk assessment of chemicals under the new European Chemicals Legislation (REACH). Arch Toxicol, 2008, 82 (4): 211 - 36.

第七章 化学物质的一般毒性

第一节 课程思政教学设计

一、案例教学适用范围

本案例适用于本科生"卫生毒理学"课程中"化学物质的一般毒性"相关章节的教学。

二、课程教学目标

1. 知识目标

（1）了解二甲基亚硝胺、汞、铅、苯等化学物质的毒性和毒作用。

（2）掌握急性毒性、慢性毒性的概念和评价指标。

（3）熟悉化学物质的一般毒性分类、主要器官损伤的临床症状和病理改变。

2. 能力目标

（1）能够了解认识日常生活中常见化学物质的一般毒性和可能发生毒作用的表现。

（2）利用所学知识规避或减少有害化学物质的接触和摄入，辨别接触毒物引起的常见临床表现并及时处理。

3. 价值目标

重视生活中无处不在的各种化学物质可能对身体造成的影响和危害，增强对高校实验室化学物质管控的安全意识，了解我国职业卫生安全知识，培养学生辩证地看待化学物质在生产生活中的作用和发展意义。

三、教学方法

利用复旦投毒案、油漆性皮炎中毒事件等引出学生们对生活生产中常见化学物质的一般毒性的思考与讨论，激发他们的学习与探索热情。利用古代炼丹术的发展和演变引导学生们辩证地思考化学物质应用的利与弊。了解日常生活中常见化学物质的一般毒性和毒作用，教具主要包括视频资料及 ppt。

第二节　课程思政案例及分析

一、复旦投毒案

1. 案例正文

2013 年 4 月 1 日 9 时许，复旦大学医学系研究生黄某在寝室饮水机接水饮用后，出现恶心、呕吐、发烧等症状，被导师和同学于当日中午送到中山医院就诊。当时医生认为其症状是"吃坏了东西"所致，按照胃肠炎给予其输液治疗。4 月 2 日，由于症状没有好转，晚上 9 点，黄某在同学的陪同下去看急诊，化验结果表明其肝功能已经出现损伤，黄某遵医嘱留院观察。4 月 3 日，黄某病情加重，其血小板数量减少，被转移进外科重症监护室。经过初步会诊，医生认为黄某是由于中毒造成急性肝损伤，但毒素不明，难以判断病因及对症下药。4 月 5 日左右，黄某出现鼻孔出血，三天后陷入昏迷状态。此时，病因仍不清楚。4月9日，黄某的师兄孙某收到一条陌生短信，内容是"请注意一种化学药物，周围有人常在用。"孙某立刻将该情况告知了黄某的导师，查阅资料后发现接触该药物用于实验的小白鼠的症状与黄某的症状类似，并向复旦大学保卫处、上海市公安局报案。4月11日，上海警方通报，在黄某宿舍的饮水机残留水中检测出有毒化合物。随后，公安机关确定黄某室友林某有作案嫌疑并对其传唤。林某如实供述，他与黄某因日常琐事心生不满，遂向寝室饮水机投放二甲基亚硝胺。4月16日，黄某经抢救无效死亡。经法医鉴定，黄某系因二甲基亚硝胺中毒致急性重型肝炎，引起急性肝功能衰竭，继发多器官功能衰竭死亡。林某投入饮水机的二甲基亚硝胺是人体致死量的十倍之多。

急性毒性（acute toxicity）指实验动物一次接触或24小时内多次接触一定剂量的某种外源化学物，短期内所产生的健康损害作用和致死效应。半数致死量（LD_{50}）是确定受试物毒性最重要的参数，即能引起50%动物死亡的受试物剂量。二甲基亚硝胺（$C_2H_6N_2O$，简称NDMA），黄色液体，溶于水、乙醇、乙醚、二氯甲烷。NDMA混合在饮用水中不会分层，很难看出，有弱臭味[1]。NDMA具有剧毒，NDMA的大鼠经口LD_{50}为58 mg/kg，大鼠在4小时内吸入LC_{50}为78 ppm，常用于医药及食品分析。普通医院并无库存，通常由高校科研团队申请购买。NDMA是一种亚硝胺类化合物，常被用于急、慢性肝损伤动物模型的制作，其代谢产物可引起肝组织炎症、出血和肝小叶中心坏死。NDMA进入人体后均匀分布，但代谢部位差别显著，主要是肝，其次为肾、肺。体外试验表明，肝切片的代谢能力比肾切片大8倍。一般来说，NDMA的代谢率大于排泄率，只有在高剂量（高于LD_{50}）时，排泄率才会增加。NDMA在体内的代谢实际上是完全的，只有非常小的一部分原型从尿液中排出。当NDMA剂量在1 μg/kg～20 mg/kg时，不论通过什么途径给药，主要代谢都在肝[2]。

人类对NDMA急性中毒的发病机理的认识尚存不足，但以往死亡案例经实验室检查都表明患者的肝功能严重受损、血小板减少、凝血功能异常，最终出现肝肾综合征、急性肝衰竭、DIC等，死亡过程迅速。组织病理学特点以急性重型肝炎的表现为主,肝细胞广泛性中心性坏死,并见大量的炎症细胞浸润,有时可见肾及肺等器官损害,这些结果与动物实验的发现一致[3]。

2. 案例分析

结合案例,谈谈应如何看待高校研究生犯罪事件?

习近平总书记曾说过:"国无德不兴,人无德不立。"国家兴旺是无数有才之人共同努力奉献的结果。一个人在不断追求知识更高水平的同时,也应该注重培养自身道德品质,只有德才兼备才称得上是真正的人才。古人云:"有才无德是小人,有德无才是君子,德才兼备乃圣人也。"有德无才固然难成大器,但有才无德者没有道德的约束,往往易酿成大祸。

学历只能代表一个人的学习经历,不能完全体现其人格和身心状况,教育的本质是爱与责任。案例中林某因与室友在日常生活中产生矛盾,心生不满就采取了极端措施,犯下罪行,这种漠视生命的举动实在不可原谅。不可否认,当代教育已经进入了严重的误区,学校、家长"唯分数论""唯成绩论",让不可缺失的道德教育成了奢侈品。而且,同在一个屋檐下生活,产生矛盾是正常之事。通常情况下,矛盾双方可通过谈心、谈判、协商解决问题,或者请第三方调解纠纷。然而,林某却选择走上犯罪的道路。可见,高校不能仅仅提供知识哺育,心理健康和人格培育也相当重要。大学生都应凡事三思而后行,切勿因一念之差而误入歧途,造成不可挽回的严重后果。

二、炼丹术

1. 案例正文

中华民族拥有上下五千年辉煌璀璨的历史,在这条历史长河里诞生过许多让人耳目一新的发明,炼丹术就是其中之一。炼丹术最早出现在中国,与道教紧密相连。中国的古代君主,似乎都对求仙问道、寻求长生有着非同一般的向往。战国末期,燕、齐等国就兴起了"神仙说",秦始皇曾让徐福东渡扶桑寻求长生不老药。东汉最有名的炼丹者魏伯阳撰写的《周易参同契》是世界上现存最早的有关炼丹的著作，也是世界上最早的制药化学记录[4]。这部书中大概记载了汞和铅的一些化学性质、化学反应、提炼方法等。东晋葛洪可谓是中国历史上最著名的炼丹家，其炼丹术基本上是基于寻求永生的思想。那时，人们相信"假求外物以自坚固"，人体是脆弱的，必须以不朽且稳定的药物为托才能长生不老，以铅砂、硫黄、水银等天然矿物炼制金丹，入火百炼不消，入土千年不朽，入水万年不腐，吃下能强身健体。

唐代是中国古代炼丹术的全盛时期。皇室信奉道教且倍加推崇，相信服食丹药可以医治疾病甚至长生不老。唐高宗、唐玄宗都曾亲自选招方士、道士进宫，"化黄金，冶丹法"。然而，因服食丹药中毒而死的现象日趋严重。唐太宗晚年身患重病，服用中天竺方士炼制的"延年之药"，病情却愈发严重。唐玄宗也曾命道士在嵩阳观炼丹，"安史之乱"后退为太上皇，仍念念不忘金灶烧炼丹药之事。唐宪宗曾力图中兴唐朝，后也遍找长生不老的偏方，曾因服用丹药中毒而数月不能上朝。唐武宗服丹药后无法忍受毒热，脾气变得喜怒无常，死前连续多天难以说话，死时仅30多岁。唐宣宗是晚唐有作为的皇帝之一，由于服用"仙丹"，背上长出了脓疮，中毒过深而死。唐宣宗在《玄解录》中曾说："点化药多用诸矾石、消硇之类，共结成毒。金砂入五脏内未有不死之兆，甚错矣！世人不知以前服者有不死之人。"故自唐以后炼丹术日趋衰弱，人们逐渐开始怀疑炼丹术的效用。

以今天的科学视角来看，服食丹药以求长生不老的说法荒谬至极。丹药中的汞、铅、砷等成分对人体极其有害。有词曰"魏晋风流"，形容魏晋时期名士们所具有的那种率直任诞、清俊通脱的行为风格。他们喜欢在僻静的山野间嬉笑玩耍、谈天说地，身着带有长袖的宽松衣衫，袒胸露臂、喝热酒、洗冷水澡，天凉时亦如此，世人觉得他们像神仙一样快活，故此得名。事实是，很多史料证明，他们长期服食丹药，其中过量的汞、铅等重金属导致慢性中毒，全身患有严重皮炎，身体燥热、精神兴奋才如此。

慢性毒性指实验动物或人长期接触外源化学物所引起的毒性效应。

金属汞在体内与大分子共价结合，尤其是 Hg^{2+} 与蛋白质的巯基有特殊亲和力，与羰基、羧基、羟基、氨基也有很高的亲和力。细胞"钙超载"是细胞损伤的重要机制，汞不仅能引起细胞"钙超载"，同时还在免疫损伤中发挥作用。人体内蛋白质与汞结合后可由半抗原成为抗原，引起变态反应和肾病综合征。高浓度汞还可直接引起肾小球免疫损伤。汞还能抑制 T 淋巴细胞，导致自身免疫性损伤。慢性汞中毒主要临床表现为易兴奋症、震颤、口腔炎，少数有肾脏损害等[5]。

铅进入机体后主要对血液和造血系统、神经系统产生毒性，如干扰卟啉代谢、影响血红蛋白合成、影响大脑皮层兴奋和抑制的平衡，导致一系列神经功能障碍。此外，铅与蛋白质的巯基结合后，抑制多种细胞酶的活性，抑制氧化磷酸化和干扰正常代谢。慢性铅中毒的主要临床表现为头痛、恶心、呕吐、高热、烦躁、抽搐、嗜睡、精神障碍、昏迷、周围神经炎、腹绞痛、低色素正常红细胞型贫血等[6]。

2. 案例分析

炼丹术的发明严重损害了我国古代人民的身体健康。虽然炼丹术的发明对服用丹药的人来说有百弊而无一利，但不可否认，一切皆受制于当时的医学理论和医疗技术。炼丹术士和推崇丹药的人初心都是寻求身体健康或治疗疾病，只是当时的认知水平不足难以达到目的，炼制的丹药受当时历史条件和唯心主义的影响。但由炼丹术发展起来的丹药一直延续至今，现代发展成为丹剂，常见于中药及其制剂之中。

医学的发展受时代洪流影响，我们应该以科学辩证的眼光看待炼丹术。不应对炼丹术所形成的中药组成部分之一的丹药作简单的否定，而应在继承前人成果的基础上加以发展，紧密联系中医理论并结合临床，致力于服务现代中医学。我们还应在现代科学理论指导下借鉴炼丹术的工艺，完善并加深丹药的研究工作。

我们要以辩证的眼光看待事物，炼丹术对我国中医药事业的发展有着不可磨灭的贡献，是现代制药化学的先锋，为制药化学的发展奠定了一定基础。

三、油漆性皮炎

1. 案例正文

清代刘献廷《广阳杂记》记载，相传安徽太平县有一青年，新婚宴尔之夜突然患病，"全身红肿，眼痒，头部肿胀如斗，双眼浮肿不能睁"。妻子焦虑万分，先后请来多位医生，诊治后皆无缓解。后来，县里名医崔默庵闻讯前来医治，切脉后发现青年两手脉象如常，稍带虚弱，但不似有内脏疾患。患病后青年食欲不减，但遵照医嘱而不敢放肆进食。崔默庵让其饮食，青年狼吞虎咽，同时崔默庵闻到室内有一股浓烈的气味，便道："此乃漆过敏也！"崔默庵嘱其家人，移出室内新漆家具，同时用螃蟹数斤捣汁，遍涂患者身上，不消两日，肿消病愈。

上文中青年所患疾病即为油漆性皮炎，属于皮肤变态反应（skin sensitization），或称过敏性接触性皮炎（allergic contact dermatitis，ACD），是皮肤对油漆中的化学物质产生的免疫原性反应。油漆由多种化学物质组成，由于品种、型号不同，所含有害物质不完全相同，包括苯、甲苯、二甲苯、正己烷、松节油、松香水、煤焦溶剂、煤焦沥青等。油漆中所含有机溶剂毒性大、沸点低且易挥发，通过皮肤接触或吸入对人体健康造成影响[7]。其中苯、甲苯、二甲苯类主要引起体内中毒，而松节油、松香水等主要引起原发性刺激和过敏性接触性皮炎。接触性皮炎发病急，接触后一般数小时至1天，长者可达2周后出现症状，表现为瘙痒、红斑、丘疹、水疱、融合水疱等，皮肤血管扩张充血。发病部位多在露出部位，以颜面、颈部、腕关节周围、手背、指背为多，以后迅速蔓延，可扩展至外阴部（阴茎、阴囊）、躯干、四肢（多见于小腿）等。

过敏性接触性皮炎是最常见的工作相关疾病之一。当皮肤第一次接触外源性化学物时，化学物可作为半抗原与体内某些特定的载体蛋白共价结合，在穿透皮肤的过程中形成完全抗原，诱导抗体形成，产生免疫记忆[8]。这个阶段机体可能会产生轻微的反应或无明显反应，经过一段时间再次接触同一物质或类似物质时可能引起迟发性超敏反应（接触性皮炎），且还可发生在最初接触或染毒的部位以外的皮肤。这段间隔期称为致敏期，为期几周至几年不等。

ACD 表现为红斑、水肿、囊泡、渗出和明显的强烈瘙痒。症状最轻微时只在接触部位可见红斑，更严重的反应包括出现海绵状囊泡，迅速瘙痒和破裂，大量流液后结痂[9]。金属、橡胶、染发剂、防腐剂、香水、特定植物、丙烯酸酯、药物等均能引起 ACD[10]。

2. 案例分析

结合案例，谈谈如何预防职业性过敏性接触性皮炎。

（1）职工就业前完善所有体检，尤其是皮肤科检查，易患过敏性接触性皮炎者最好避免从事相关工作，如从事的工作容易发生接触性皮炎，从业人员应定期做皮肤科检查，以便及时发现病人，采取适当的防治措施。

（2）用人单位应当优先采用有利于防治职业病和保护劳动者的新技术、新工艺、新材料，严格遵守工作场所有害因素职业接触限值。

（3）保持作业环境整洁，车间应通风良好，避免职业性有害因素的污染。

（4）存在职业病危害因素的用人单位，应当建立公告栏，公布工作场所有关职业病防治的规章制度、操作规程、职业病危害事故的急救援措施和工作场所职业病危害因素检测结果等。

（5）企业建立健全并严格执行安全生产管理制度，定期开展劳动者职业卫生知识培训。提高劳动者自我防护意识，为劳动者配备有效的个人防护用品以及应急救援设备。

参考文献

[1] 黄仁贵，马龙，谭莎莎，等. 肉制品中 N – 二甲基亚硝胺检测方法的研究进展 [J]. 粮食与油脂，2023，36（6）：1 – 4.

［2］葛延昌，王黎扬，汪蓉，等. 二甲基亚硝胺急性中毒死亡1例［J］. 法医学杂志，2016，32（2）：145－146.

［3］王丽娜，刘成海，陈园，等. 一种改良的二甲基亚硝胺肝纤维化模型诱导方法及其病理特点［J］. 中国实验动物学报，2007，15（2）：90－94，102.

［4］张厚宝. 道家炼丹术与丹药［J］. 时珍国医国药，2000，11（3）：216－217.

［5］刘同英，钱民，李正付，等. 口服并呼吸道吸入金属汞中毒一例［J］. 华西医学，2023，38（11）：1770－1773.

［6］朱元州，赵慧，甘泉，等. 成人铅中毒［J］. 巴楚医学，2023，6（4）：14－28.

［7］郭涛，张秀君，程晓蕾，等. 油漆致职业性接触性皮炎五例［J］. 中华劳动卫生职业病杂志，2020，38（12）：931－931.

［8］朱晓筱，周兰兰. 两种方法构建小鼠过敏性接触性皮炎的比较研究［J］. 中国药理学通报，2022，38（10）：1591－1596.

［9］KOSTNER L, ANZENGRUBER F, GUILLOD C, et al. Allergic contact dermatitis［J］. Immunology and allergy clinics of North America，2017，37（1）：141－152.

［10］RUBINS A, ROMANOVA A, SEPTE M, et al. Contact dermatitis: etiologies of the allergic and irritant type［J］. Acta dermatovenerol alpina pannonica et Adriatica，2020，29（4）：181－184.

第八章 化学物质致突变作用

第一节 课程思政教学设计

一、案例教学适用范围

本案例适用于本科生和研究生"毒理学基础""毒理学研究方法与技术"等课程中"化学物质致突变作用"相关章节的教学。

二、课程教学目标

1. 知识目标

要求学生掌握突变类型、DNA 损伤的修复、致突变化学物及其作用机制、化学物质致突变作用的检测方法。熟悉突变类型之间的联系和区别、常用的遗传毒理学实验、致突变作用危害的多样性、直接诱变和间接诱变作用等相关知识。

2. 能力目标

（1）通过本章节学习，让学生能够基于致突变作用机制推测人类接触致突变物可能引起的健康效应。

（2）通过本章节学习，让学生能够掌握遗传毒理学实验的原理、用途和结果判断。

3. 价值目标

通过理论教学，让学生了解致突变物质的危害，树立正确的环境保护意识，培养良好的生活习惯，增加学生的爱国情怀和社会责任感。

三、教学方法

本章课程教学采用教师讲授提问、学生思考讨论等方式来完成课程教学的知识目标、能力目标和价值目标。通过课程讲授引导学生认识突变作用的多样性和危害性、理解突变过程是环境与基因共同作用的结果，并结合实际案例，提高学生学习的积极性和主动性。

第二节 课程思政案例及分析

一、彗星实验发展史：精益求精的科学精神

1. 案例正文

彗星实验（comet assay）也叫单细胞凝胶电泳实验（single cell gel electrophoresis，SCGE），是瑞典科学家 Ostling 和 Johanson 于 1984 年首次提出的一种判别遗传毒性的技术。它通过检测 DNA 链损伤来判别遗传毒性损害。DNA 受损越严重，产生的断链和断片越多，长度也越大（未受损伤的 DNA 部分保持球形），在电泳过程中带负电荷的 DNA 会离开核 DNA，向正极迁移形成"彗星"状图像。每个损伤细胞形成一个明亮的荧光头部和尾部，"彗星"的长度（代表 DNA 迁移）和荧光强度与受试物引起的 DNA 链断裂程度成正相关，测定 DNA 迁移距离可定量地反映 DNA 链断裂损伤的程度。

Rydberg 和 Johanson 在 1978 年发现碱性处理过的细胞核经 X 线照射后逐渐变得分散，且分散程度与辐照剂量成正相关。他们将一定数量的单细胞包埋在琼脂糖凝胶中，在中等碱性条件下裂解细胞。细胞经中性化处理，再用吖啶橙染色，最后用荧光显微镜测定绿色荧光

（代表双链 DNA）和红色荧光（代表单链 DNA）的比值，以确定 DNA 损伤的程度。但该方法因为敏感性不高而未受到重视。

1984 年，Ostling 和 Johanson 首次通过微量凝胶电泳技术提高单细胞 DNA 损伤测试的敏感性。他们将细胞包埋在琼脂中，在缓冲液中裂解细胞后，在中性条件下电泳，发现 DNA 向阳极迁移，在阳极方向拖拽出尾状分布，辐照后的细胞更明显。他们将此技术命名为"微电泳技术"。

Singh 等人把裂解和电泳都改为碱性条件下进行，使得单链断裂类型的低水平损伤 DNA 可以被检测到。改进后发现，DNA 损伤的细胞经溴化乙啶染色后在阳极方向可以见到明亮的拖尾现象，呈彗星状，因此，1990 年改名为彗星实验。Singh 等改进后的彗星实验技术适用于检测单个细胞的 DNA 损伤和修复。该技术所需细胞少，1000 个就足够，而且不需要对细胞进行放射性标记，因此，此法适不仅用于任何有核细胞，还能检测同一种群的细胞对 DNA 损伤物的不同反应。

1993 年彗星实验又一次得到改进。1993 年以前，彗星实验只能检测 DNA 是否有断裂损伤，不能分辨非断裂损伤，不能确定 DNA 损伤类型。改进后的彗星实验，可以确定非断裂型的 DNA 氧化损伤，即解旋后用核酸内切酶Ⅲ处理 DNA，识别氧化损伤的嘧啶。改进后的酶切彗星实验还能提供基因的遗传多态性相关的遗传背景与环境因子信息，如着色性干皮病基因的编码区 312—751，纯合野生型基因型的彗尾密度比癌症病人低 2 倍，说明维持正常的 DNA 修复活性能抑制癌症的发生和发展。

自从 Singh 等提出碱性彗星实验，其在遗传毒性检测中得到快速发展。1999 年，欧洲国家成立了一个彗星实验专家组，一致推荐将 Singh 等的碱性彗星实验作为检测化学品遗传毒性的标准方法。该方法经优化后，可用于检测单链断裂的 DNA 损伤、碱性不稳定位点、DNA–DNA 或 DNA–蛋白质交联损伤和单链断裂的不完全切除修复位点。其特点是：可检测低水平的 DNA 损伤及修复能力，只需少量细胞，灵活经济、简便快速。

2000年，欧洲食品安全局主张采用系列实验来评估化学品的遗传毒性，即首先对化学品进行细菌回复突变实验（后采用OECDTG471准则）和体外微核实验（后采用OECD487），只要有一个实验结果呈阳性，再进行3个体内实验，包括哺乳动物红细胞微核实验（OECDTG474准则）、彗星实验（OECDTG489准则）和转基因啮齿动物细胞基因突变实验（OECDTG488准则）。

2014年，经济合作与发展组织（OECD）专门发布哺乳动物体内彗星实验准则（OECDTG489），内容包括实验原理、局限性、对照信息、方法的详细描述和彗星图像定量打分（推荐采用的自动和半自动软件）。

用"comet assay"作关键词在2016年的PubMed和Web of Science中搜索，可得近万篇期刊文章，涉及的主要应用领域包括：毒理学（30%）、遗传学（15%）、环境生态科学（11%）和应用微生物技术（9%）。彗星实验还有专门的交流网站http://www.cometassay.com/。现在国内外学者对彗星实验的研究主要集中在方法的探索和应用扩展这两方面，对技术的各个步骤进行不断改良，以期这个方法更便于操作、敏感性更高、重复性更强。

2. 案例分析

至今，彗星实验技术在世界上许多实验室应用，操作上进行了许多改良，并不断融进新技术。它不断改进、不断完善发展，从最初的微电泳技术、中性彗星实验，到碱性彗星实验、酶切彗星实验和双向垂直彗尾彗星实验等，在毒理学、遗传学和环境生态科学等领域有着重要的应用，是经济合作与发展组织（OECD）和欧洲食品安全局等国际组织推荐的测定遗传毒性的方法之一。彗星实验的发展史体现了科学的不断发展，也体现了精益求精的科学精神，启示我们在任何领域，都需要不断地前进，在反复摸索中追求极致，从生命的一座高峰攀上另一座高峰。

二、基因突变与基因治疗:攻坚克难,止于至善

1. 案例正文

致突变化学物作用于机体,引起遗传信息的改变。在自然条件下,突变的类型多种多样,机体修复的方式也是多样的,就导致不同的效应终点,比如体细胞突变,会引起肿瘤、畸形、动脉粥样硬化、糖尿病、衰老等;生殖细胞突变会引起下一代的遗传致死或遗传性疾病。致突变累积的常见后果是致癌。癌症的遗传机制学认为,致癌因素引起的基因改变累积到一定程度,就会导致癌变。原癌基因经过点突变或染色体畸变可以变为活化的癌基因,抑癌基因也可以通过突变失活或缺失,两者共同作用导致肿瘤的发生与发展。

面对这一系列复杂疾病,科学家自然不会坐以待毙。既然基因突变会导致疾病发生发展,那是否可以通过调控基因表达,来治疗疾病或干预疾病的发生呢?随着测序技术和基因编辑技术的逐步成熟,基因治疗登上了舞台,这一设想得以逐步实现。

基因治疗是指通过对遗传物质进行操作,干预疾病的发生、发展和进程。基因治疗通过添加、替换或修复有缺陷的突变基因,恢复基因的正常功能,杀灭病变的细胞或增强机体清除病变细胞的能力,从而达到治疗疾病的目的。

基因治疗首先被应用于遗传病。遗传缺陷往往是由于基因表达障碍,从而影响细胞内相应的生化过程或分子事件的发生。对缺陷基因进行修复,恢复其表达,并修复突变造成的缺陷效应,就能起到治疗作用。恶性肿瘤、心血管疾病、感染性疾病、自身免疫性疾病等也可以通过此种方式获得治疗。基因治疗的方式有多种,比如修复体内突变基因,如治疗镰状细胞贫血症;用正常基因补偿突变基因,在患者体内建立持续的内源性表达,如血友病的治疗;对于功能异常的致病基因,可以进行敲除使其失活,或者在体外进行基因编辑和改造后导入体内。

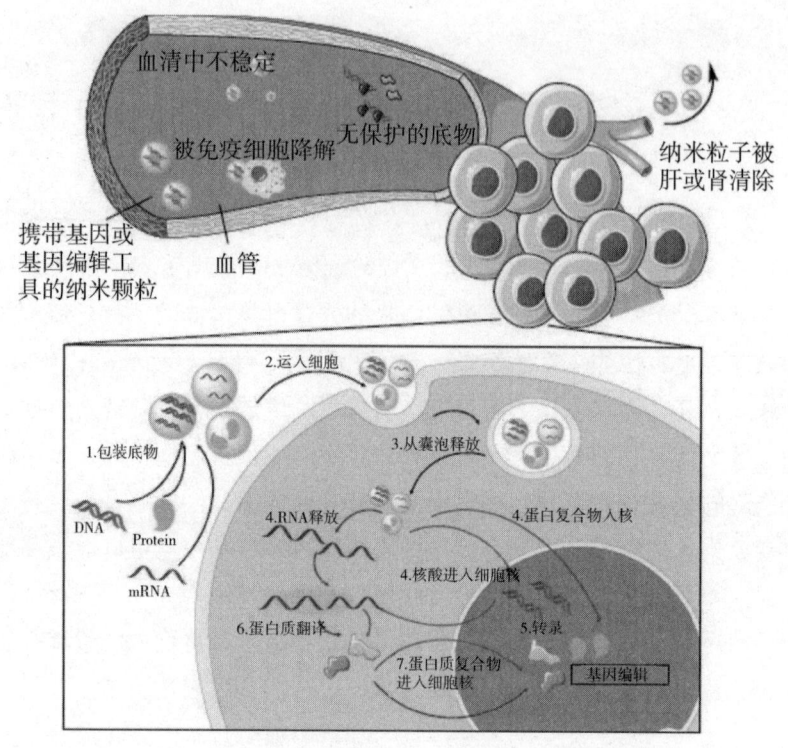

图 8-1 非病毒载体将基因编辑工具递送到细胞

要实现临床转化和应用并不容易,长期以来,科学家致力于对不同的靶细胞类型、递送途径和递送工具进行不断的研究和优化。20世纪70年代,基因治疗的假设首先被提出;20世纪80年代早期,逆转录病毒首次被用于基因递送;90年代初,基因治疗从概念发展到临床试验。近年来,多种基因治疗药物已被批准应用于临床治疗。随着基因编辑技术的普及,如 CRISPR 的广泛应用,以及细胞工程的发展,如 CAR-T 疗法、干细胞工程、基因治疗等技术为多种疾病带来了希望。

随着基因测序技术的大幅降价和大数据的广泛应用,针对肿瘤基因组学的研究越来越深入。对于不同基因突变类型的肿瘤,科学家们不断探索更精准的靶向治疗方法,特别是针对血液肿瘤,靶向治疗发展态势良好。实体肿瘤环境复杂、突变类型多样,靶向治疗手段尚不成熟，但大量的科研工作者会继续攻坚克难，让基因治疗更快、更好地造福人民。

2. 案例分析

化学物致突变是遗传性疾病、肿瘤等多种类型疾病的罪魁祸首，对人类健康造成重大影响。很多疾病在过去没有良好的治疗措施，生命科学的发展正在试图打破这些壁垒，让原本无解的健康问题出现希望的微光。人类从复杂的基因图谱中，识别疾病表型与异常突变基因之间的联系，试图为疾病的治疗和预防寻找规律和线索。这就如同从浩渺星河中寻找特定的行星，这样的科研工作浪漫美好，但也无疑是举步维艰的。基因治疗就是这样摘星星的工作。一代又一代的科研人不畏艰难，止于至善，才使得生命科学的发展进无止境，使我们对于人类大健康、精准医学满怀期待和信心。或许总有一天，癌症会成为普通的慢性病，那些深深影响我们的健康难题，也将被逐一攻破。

三、从黄曲霉毒素限量标准的制定看食品安全

1. 案例正文

1960 年，英国发现有 10 万只火鸡死于一种以前没见过的病，被称为"火鸡 X 病"，再后来鸭子也被波及。追根溯源，其罪魁祸首是饲料中的一种真菌——黄曲霉菌产生的毒素，因此它被命名为黄曲霉毒素。

黄曲霉毒素（Aflatoxin，AF）是真菌毒素（约 300 余种）中的一大类。它于 1993 年被世界卫生组织癌症研究机构认定为 I 类致癌物，是一种毒性极强的剧毒物质。黄曲霉毒素的主要危害是对人及动物肝脏组织的破坏作用，严重时可导致肝癌甚至死亡。黄曲霉毒素最早被发现于 1960 年，是黄曲霉（*Aspergillus flavus*）和寄生曲霉（*Aspergillus parasiticus*）的次级代谢产物，目前已分离鉴定出 12 种以上。常见的有黄曲霉毒素 B_1、B_2、G_1、G_2、M_1、M_2、B_{2a}、G_{2a}、BM_{2a} 和 GM_{2a} 等，其中，黄曲霉毒素 B_1 污染最普遍、危害最大，污染水平约

占黄曲霉毒素总量的70%。黄曲霉毒素的污染相当广泛，包括谷物、坚果和籽类、香辛料以及牛乳等，尤以玉米、花生被污染的程度最严重。

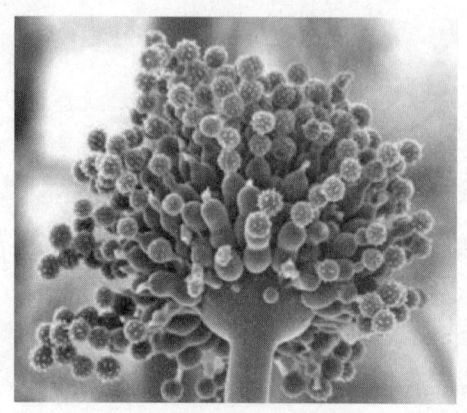

图8-2 黄曲霉毒素

黄曲霉毒素对人类健康的危害主要是由人们食用被黄曲霉毒素污染的食物导致的。黄曲霉毒素是已知真菌毒素中毒性和致癌性最强的。据称，其毒性相当于等量氰化钾的10倍、砒霜的68倍。世界范围内曾报道了数起人类的黄曲霉毒素急性中毒事件，如非洲的霉木薯饼中毒、印度的霉玉米中毒等。2004—2005年肯尼亚暴发了迄今史上最大规模的黄曲霉毒素急性中毒事件，中毒千余人，死亡125人，中毒玉米中检出黄曲霉毒素B_1的含量高达4400 μg/kg，是罕见的黄曲霉毒素群体中毒事件。

图8-3 发霉食品中含有黄曲霉毒素

黄曲霉毒素的毒性作用有：急性中毒、慢性中毒、致癌、致畸、致突变。其致癌特点是致癌范围广，能诱发鱼类、禽类、家畜及灵长类等多种动物的癌症；除诱发肝癌外，还可诱发胃癌、肾癌、直肠癌、乳腺癌、卵巢及小肠等部位的肿瘤，亦可导致畸胎。因此许多国家都制定了食品中黄曲霉毒素限量标准，以保护本国食品安全和贸易利益。

我国国家卫生部门依照《食品安全法》立法宗旨，禁止企业使用被严重污染的粮食进行食品加工生产，以保障公众健康为基础，以风险评估为依据，科学合理设置污染物限量标准，并监督企业执行。2005年《食品安全国家标准 食品中真菌毒素限量》（GB2761—2005）中制定了黄曲霉毒素的限量标准。《食品安全国家标准 食品中真菌毒素限量》（GB2761—2011）对相应的食品类别进行细化。经过不断的修订和完善，确定了最新的现行标准《食品安全国家标准 食品中真菌毒素限量》（GB2761—2017）。GB2761—2017标准中规定了食品中黄曲霉毒素B_1、黄曲霉毒素M_1、脱氧雪腐镰刀菌烯醇、展青霉素、赭曲霉毒素A以及玉米赤霉烯酮的限量标准。GB2761—2017规定玉米、花生及其制品的黄曲霉毒素B_1的上限为20 μg/kg；大米和其他植物油为10 μg/kg；小麦等其他谷物、酱油等酿制品以及发酵豆制品等为5 μg/kg；婴儿食品仅为0.5 μg/kg。

2．案例分析

黄曲霉毒素食品安全标准的制定体现了我国对食品安全的重视。食品安全标准的根本目的是保证食品安全，防止食源性疾病的发生，保障公众身体健康和生命安全。食品安全标准是保障食品安全的重要标杆，可以指导企业生产流通，指导如何生产安全的食品，引导行业提高食品安全管理水平。食品安全标准能够促进社会经济发展，其既是实现食品工业专业分工和社会化生产的前提，也是食品科学技术转化为生产力的桥梁。食品安全是前提，质量和营养价值是根本，确保人民健康是最终目的。从食品与农产品生产经营到餐桌的全程严格检测、控制和监管，是保障食品安全与质量的社会需求，更是广大民众的期望。

参考文献

[1] 杨红莲. 彗星试验方法的初步研究 [D]. 新疆农业大学, 2004.

[2] 李岗, 吴声敢, 蔡磊明. 彗星实验技术及其应用 [J]. 生态毒理学报, 2018, 13 (6): 79-96.

[3] Bilibili. 毒理学总论: 致突变与致癌作用 [EB/OL] (2022-01-04). https://www.bilibili.com/read/cv14832090.

[4] 知乎. 基因治疗的现状是怎么样的? 未来是否有可能找到适用于所有基因疾病的有效普适疗法 [EB/OL]. 2022-05-18. https://www.zhihu.com/question/355702516/answer/2505880470.

[5] 邓洪新, 田聆, 魏于全. 基因治疗的发展现状、问题和展望 [J]. 生命科学, 2005, 17 (3): 196-199.

[6] 杨鑫宇, 王大勇, 高旭. 基因编辑技术和细胞疗法在体外基因治疗中的应用 [J]. 中国生物化学与分子生物学报, 2020, 36 (11): 1265-1272.

[7] 余晓琴. 相关标准中黄曲霉毒素限量解读 [EB/OL] (2019-09-26). http://www.cmrnn.com.cn/news/content/2019-09-26/content_120958.html.

第九章 化学物质的致癌作用

第一节 课程思政教学设计

一、案例教学适用范围

本案例适用于本科生和研究生"毒理学基础""毒理学研究方法与技术"等课程中"化学物质致癌"相关章节的教学。

二、课程教学目标

1. 知识目标

要求学生掌握化学致癌物概念、化学致癌物作用的机制、化学致癌物的筛查方法；熟悉化学致癌物的分类及依据、化学致癌物致癌多阶段发展理论、DNA修复在化学致癌物致癌过程中的作用、与致癌过程关联的关键分子事件等相关知识。

2. 能力目标

（1）通过本章节学习，让学生能够掌握化学致癌物的判断方法、实验条件。

（2）通过本章节学习，让学生能够理解依据对人类和动物致癌作用的证据权重来进行化学致癌物的分类方法。

3. 价值目标

通过理论教学，让学生了解化学致癌物质的危害，树立学生正确的环境保护意识和良好的生活习惯，培养学生的爱国情怀和社会责任感。

三、教学方法

本章课程教学采用理论讲授，利用教师讲授提问、学生思考讨论等方式来完成课程教学的知识目标、能力目标和价值目标。通过课程讲授，引导学生认识化学致癌物致癌过程的复杂性；理解致癌过程是环境与基因共同作用的结果，并结合实际案例，提高学生学习的积极性和主动性。

第二节　课程思政案例及分析

一、中国毒理学界的领头人：张桥

1. 案例正文

张桥，1953年毕业于中山大学医学院临床专业，是中山大学公共卫生学院知名的老教授。他从事教学科研工作近50年，在科研、学科建设特别是在卫生毒理学学科建设方面做出了很大的贡献，开创了遗传毒理学研究的新领域。可以说，没有张教授艰苦的努力开拓，就没有今天卫生毒理学的硕果累累，就没有如今欣欣向荣的学科前景。

"三致"作用即化学物致癌、致畸和致突变毒的作用，明确毒物的"三致"作用是研究其对人体危害作用的基础。当年，国外毒理学已建立了一整套评估"三致"作用的检测方法，而我国毒理学科研工作在"文革"期间处于停滞状态，直到1976年以后才慢慢恢复过来，特别是在致突变毒性方面的研究相当落后。Ames试验法是当时检测化学物致突变毒性的重要方法之一，也是预测化学物质是否具有致癌潜能的重要依据，由美国 Ames 教授用基因突变的细菌做试验对象而研究得出。但对于该试验法，国内尚处于空白阶段。张桥教授在 1976 年开始收集这方面的文献，试图建立 Ames 试验法以检测化学物致突变毒性作用。他于 1977 年着手研究，当时实验条件非常差，没有无菌室，没有无菌工作台，连培养细菌的设备——摇床也没有。张桥教授就用一台经常出毛病的旧式"华勃氏呼吸器"代替摇床，在教研室内不分昼夜地工作，当时恶劣的实验条件是我们难以想象的：其中最有挑战的问题就是用电紧张、电压不稳、电压下降、突然停电等情况经常出现。停电后培养箱内温度降低，接种于平皿的细菌就长得不好，细菌不长了，就得不出正确的实验结果，实验失败就意味着三四天的辛苦付之东流。于是在停电时，他们就赶快往培育细菌的水槽里添开水保持水温；电消毒锅用不了，张桥教授只好改用打气煤油炉来消毒。有一次，他一不小心，头发眉毛都被火星点燃。在如此恶劣的条件下，张桥教授终于建立了 Ames 试验法，填补了国内空白。此后他用该方法成功检测了十几种化学农药的致突变毒性。1985 年 Ames 教授在中山医学院讲学交流时高度肯定了张桥教授的工作。Ames 试验法是经典试验，至今还在应用。

　　建立 Ames 试验法只是第一步，张桥教授研究的重点在化学物致癌作用。为了研究了化学物致癌的机理，他用化学物（包括已知致癌的化学物）处理人胚成纤维细胞观察其致癌作用，还开展了人群中基因的多态性的研究，探索基因与肿瘤发生之间的联系。为了更好地开展研究，张桥教授还曾经自掏腰包为实验室添置设备。1981 年张桥教授去美国北卡罗来纳州国立卫生研究所做短期科研，用自己微薄的生活补贴为国内实验室购置了两台显微镜，美国实验室主任深受感动，在他回国前，还送给他许多实验用的器材：各种规格吸管离心管、一次性细菌过滤器、培养皿……张桥教授也不辞辛苦地全都带了回来。他还用世界卫生组织的贷款购置了二氧化碳培养箱、荧光显微镜、低温冰箱等。1985 年，教研室迁至新的教学楼才有了较为像样的无菌室。这期间老一辈科研工作者历经了无数现在无法想象的艰辛，而毒理学研究室也在张桥教授等人的努力下发展壮大。

2. 案例分析

在我们年轻一代看来，张桥教授当时所面临的困难几乎都是只能在教科书上的见到的，虽然我们现在已经拥有充足的经费以及良好的实验条件，但张桥教授往日的艰辛更能够激励我们要趁势而上，利用现有的珍贵资源进行科学研究。张桥教授在科研上那种不怕困难、艰苦朴实的工作作风，对于毒理学的发展以及个人的科研和生活仍然有着重要的意义。

二、环境与癌症

1. 案例正文

世界卫生组织国际癌症研究机构（IARC）于2021年初发布了2020年全球最新癌症负担数据。这份报告一共统计了全球185个国家的数据，对36种癌症的最新发病、死亡率情况，以及发展趋势进行总结。

数据显示，2020年全球新发癌症病例1929万例（男性1006万例，女性923万例）。2020年全球癌症死亡病例996万例（男性553万例，女性443万例），并且乳腺癌取代肺癌，成为全球第一大癌。大量的数据说明，癌症已经成为现代人的主要死亡原因之一，但癌症并不是到现代才出现的疾病，人类罹患癌症的历史已经有几千年了。

2013年，迈克拉·宾德于苏丹北部尼罗河流域的一处墓穴中发现了一具古代的男性遗骸。深入研究发现该男子大约在公元前1200年下葬，死亡年龄约在25～35岁。X光和电子显微镜显示癌细胞已经扩散到了这位男子的锁骨、肩胛、上臂、椎骨、肋骨、骨盆和大腿骨，这是迄今人类发现的最古老的转移癌。在公元前约400年的希波克拉底（Hippocrates）时代，描述癌症的词语"karkinos"出现了。词源学上，"karkinos"一词来自希腊语"螃蟹"，据说是因为肿瘤及其附属血管会让人想到沙滩上卧沙的螃蟹。世界上有记载的最早的癌症病例要追溯到公元前1500年的古埃及，这是被记录在莎草纸上的一例乳房肿瘤的病例。早在1170年前中国宋朝的《卫济宝书》中也提到过癌，书中强调癌症的发生不仅仅与年龄有关系，也与患者的精神因素有关。这本书中的"癌"字，明确地指向肿瘤这种病症，对一些癌症的发病症状认识也较为深刻，是我国最早关于癌症的记载。《仁斋直指附遗方论》中对癌症"上高下深，岩穴之状，颗颗累垂""男者多发生于腹，女者多发生于乳"的描述与现代临床医学的诊断也较为符合。《疡医证治准绳》中还详细记载了一则男性因情绪问题而患乳腺癌的病例。

到了近现代，人们对癌症的认识渐渐加深，也渐渐认识到，我们所处外界环境中的一些物质能够引发癌症。对于化学物质致癌作用的认识最早可以追溯到 1775 年，英国的一位医师 Pott 首次发现童年曾从事过烟囱清扫工作的人群中阴囊癌疾病的高发现象，可能与煤炭燃烧后所产生的煤焦油和烟灰相关；在 1915 年，两位日本科学家设计了用煤焦油涂抹兔耳从而诱导皮肤癌的实验，证明了 Pott 的猜想。最终在 1934 年，Kennawy 从煤焦油中分离出了多种多环芳烃类物质，并证明有些多环芳烃可在动物实验中诱发皮肤癌。

除了工作环境的有毒物质会导致人体肿瘤的发生，实际上，我们日常生活饮食和环境中也存在着不少致癌物质。例如，2017 年 10 月 27 日，在 IARC 公布的致癌物清单中，红肉（摄入）被列入了 2A 类致癌物清单中。近 10 年来，支持结肠癌、直肠癌与红肉摄入之间存在联系的数据确实占据了一定优势，尤其是加工后的红肉，例如热狗、熏肉及午餐肉等。那么，关于红肉的最近研究进展如何呢？IARC 专家小组证实，红肉与肠癌之间存在明确的联系。因为红肉中含有较多的饱和脂肪酸，而过多的饱和脂肪会增加乳腺癌、结肠癌以及心脏病的发生风险。2020 年 9 月，一研究团队在 *BMC Medicine* 杂志上发表的论文中指出红肉中富含的 Neu5Gc 分子会导致人类患癌风险增加。

此外，像槟榔甚至是中式咸鱼这些传统食物其实早已被列入了一类致癌物的清单中。而与我们生活环境有关的汽车尾气中的苯并芘以及新房装修时的甲醛等其实都具有很强的致癌性。由此可见，随着工业文明的高度发展，将会有越来越多的具有致癌潜能的化学物质出现在我们的生活环境中。所以，为了确保人民的生命健康，一方面我们要重视环境的治理、监控和食品安全的保障；另一方面，研究者们要建立更新型的致癌风险预测方法。筛选出哪些物质可能具有致癌作用，其产生致癌作用的机制，或是找出相关分子效应的靶点，才能为预防化学致癌、更早地发现化学物诱导的癌症提供证据基础，从而降低对人群的健康损害。总的来说，毒理工作者对化学物致癌作用的研究刻不容缓。

2．案例分析

早在在几千年以前，我国的史料中就出现了对于"癌"的记载，可见癌症并不是现代人的专属。我们知道，从接触致癌因素到肿瘤发生再到出现临床症状前，有着相当长的潜伏期，所以说大多数肿瘤都发生在生命的晚期。而古人由于科技水平的低下以及医疗条件不足，平均寿命都比较短，可能在癌症发生之前就已经死于其他因素。另外，根据史料推测，古人已经初步具有癌症发生是由多因素引起的意识。而到了近现代，随着社会各方面的发展进步以及多代科学家的辛勤科研和传承，才形成了现在对于肿瘤的发生是多因素影响的、多基因参与的多阶段过程的认识。同时，我国在短短几十年内走过了西方国家几百年才完成的工业化历程，能源消费的快速增长导致环境的严重污染，无数新形成的外源性化合物进入了我们的生活，癌症年轻化的现象也越来越普遍。这迫使我国需要加快转变经济发展方式，淘汰落后产能，大力发展清洁能源，而这些的关键就在于科学技术的进步以及新知识的发现。我们在学习知识的过程中，也应树立社会责任感，积极学习新知识新方法，为保护公民健康、为实现中国的"蓝天白云"做出自己的贡献。

参考文献

[1] 何乃强．1170年就有"癌"：中国古代皇帝却少患癌症．中国文明网［EB/OL］（2011－11－14）．https://www.docin.com/p－1300131717.html.

[2] 世界科学．WHO将红肉列为二级致癌物……全部真相在这

里. 腾讯新闻［EB/OL］（2021-01-28）. https://new.qq.com/rain/a/20210128A0BPMF00.

［3］徐力恒. 从古代人骨骼看癌症的历史［N］. 光明日报，2014-09-17.

［4］张晓东，黄远东，王冠. 环境工程专业教学中的课程思政教育探索：以"大气污染控制工程"课程为例［J］. 上海理工大学学报，2019，41（4）：380-385.

第十章 发育毒性和致畸作用

第一节 课程思政教学设计

一、案例教学适用范围

本案例适用于本科生"毒理学"课程中"发育毒性""管理毒理学"等相关章节的教学。

二、课程教学目标

1. 知识目标

（1）掌握畸形、胚胎-胎儿毒性、发育毒性、致畸指数等基本概念，发育各阶段毒性作用的特点，动物发育毒性试验与评价。

（2）熟悉致畸作用的机制，发育毒性评价中流行病学和人类的证据，发育毒性的剂量、反应模式和阈值。

（3）了解母体毒性与发育毒性、发育毒性的替代试验。

2. 能力目标

（1）理解三段生殖毒性试验，能在实际研究设计中应用。

（2）理解不同发育阶段暴露和妊娠结局类型并记住已知发育毒物。

3. 价值目标

（1）通过案例教学，培养专业认同感，激发学生爱国情怀和社会责任感。

（2）通过案例教学，培养学生的专业素养、敬业精神、科学精神，引导学生形成科学研究的发展观。

（3）掌握致畸防治知识，做好科普宣传。

三、教学方法

本章课程教学适用于以案例方式融入思政相关元素，授课可充分结合教师讲授和小组案例讨论等形式。教师提出讨论问题，将课程教学的知识目标、能力目标和价值目标融入案例讨论。

第二节 课程思政案例及分析

一、"反应停"事件

1. 案例正文

反应停，又名沙利度胺。1953年，联邦德国的一家制药公司在做反应停抗惊厥、抗过敏的实验中，发现其具有一定镇静、安眠的作用，且对早期妊娠反应的止呕效果很好。此后，他们在老鼠、兔子和狗身上的实验没有发现反应停有明显副作用。1957年10月，这家公司将反应停推向市场，反响不错。此后，反应停被医生大量处方给孕妇以治疗早孕反应。1959年，西德开始报道"海豹肢"婴儿的出生，提示反应停具有致畸性。毒理学研究也发现反应停对灵长类动物有很强的致畸性。因此，从1961年11月起世界各国陆续强制撤回反应停，当时已造成1万多例儿童的先天性畸形[1]。

当时，美国也招募人群试用反应停，结果有17例"海豹肢"畸形儿出生。幸运的是，大部分婴儿因为反应停未批准在美国上市而得以幸免，这和当时在FDA任职的弗兰西斯·凯尔西有关。1960年，梅里尔公司向 FDA 提出反应停在美国上市的申请，审批由凯尔西负责。凯尔西留意到反应停对人的催眠作用很好，但对动物却不明显，且几乎相关安全性数据都来自动物试验，提示这种药物反应具有显著的物种差异。临床案例报道该药会引起神经炎，服用过的患者反映手指刺痛。基于专业知识，她怀疑反应停对孕妇有副作用，甚至会影响胎儿发育。因此，凯尔西顶住来自各界的巨大压力，坚持不让反应停在美国上市，成功地避免了一场公共卫生悲剧[2]。

随着"海豹肢"畸形儿的出生，反应停在医药界臭名昭著，并迅速从市场上销声匿迹。然而，针对它的研究却从未止步[3]。1965年，反应停再度逆袭。一名以色列医生发现，反应停可以治疗麻风性结节性红斑。1998年7月，美国FDA批准反应停用于麻风结节性红斑的治疗，宣告反应停的成功回归。1991年，有研究发现反应停可以抑制血管内皮生长因子，阻断新生血管的形成。2006年，FDA批准它用于多发性骨髓瘤的治疗。2017年8月30日，中国的研究团队发现反应停可用于化疗相关恶心呕吐管理。

2. 案例分析

科学是一把双刃剑，既给人类带来了益处，也给人类造成意想不到的伤害。然而，科学技术是客观的，掌握和使用科学技术的人类是主观能动的。科学研究，需要秉承严谨治学的态度，具备崇尚真理、敬畏生命的素养。反应停的"涅槃重生"告诉我们，矛盾具有两面性，不能"一棍子打死"，正如一个人有优点也有缺点，看待问题要全面，要坚持科学理性的态度，认真发掘事物在其他领域的潜在应用。

澳大利亚产科医生威廉·麦克布里德，首先报道反应停可能导致婴儿"海豹肢"畸形，展现了敏锐的洞察力和良好的科研素养。弗兰西斯·凯尔西，凭借扎实的专业素养和敬业精神，成功阻止了"反应停悲剧"在美国上演。常言道，在其位谋其事，医科大学生应明确岗位职责，秉承严谨的工作态度，养成良好的职业道德和素养。

二、尼克·胡哲的故事

1. 案例正文

1982年,澳大利亚一对夫妇的第一个孩子出生了,他们给他取名尼克·胡哲。然而,喜悦只持续了几分钟,取而代之的是错愕和难以接受,因为尼克·胡哲没有四肢,医生告诉他们孩子患有"海豹肢"畸形。母亲怎么也想不通,家人没有"海豹肢"家族遗传史,孕期体检也完全正常,为什么会生出"海豹肢"孩子呢?不过他们很快接受了事实,悉心抚育孩子。然而,对于小尼克来说,困难接踵而至。第一个困难是接受自己。他只有左侧臀部以下长着两根脚趾的小"脚",被妹妹戏称为"小鸡腿"。他不能行走,拿不了东西,还得忍受周围人的围观指点。经过一段时间消沉,小尼克慢慢接受了事实,并决定学会独立生活。学会生活自理是第一步。借助简单改造的日常用具,小尼克学会了洗澡、刷牙、穿衣服和开关灯。为了学会打电话,小尼克用小脚把手机抛到肩膀上,再用脸和下巴夹住手机。因为反复练习,他的脸被手机打得一片乌青。对于普通人来说轻而易举的动作,他总要反复练习才能做到。然而,小尼克还是积极地去尝试,他认为失败也是生命的一部分。经过不懈努力,小尼克基本可以生活自理了,他又尝试学习新技能,学习踢足球、打鼓、打高尔夫球,坚持练习用脚趾头夹着笔写字和打字。21年后,尼克靠着小脚获得了会计和财务的双学位。然而,大学毕业后的尼克并没有从事会计工作,而是选择了演讲,他希望通过励志演讲去影响和帮助别人。在被拒绝52次后,尼克终于获得了演讲机会,并由此开启了他的演讲生涯。迄今,尼克成功举办了1500多场演讲,游历了43个国家,成为世界著名的残疾人演讲家,并被授予"杰出的澳大利亚年度青年"称号。此外,他还成立了"没有四肢的生命"组织,帮助数以万计的人走出内心的阴霾。虽身残,但尼克·胡哲创造了生命的奇迹[4]。

2. 案例分析

人的一生中可能会面临着各种困难，我们的选择只有坚持下去或是到此放弃。尼克的人生道路遇到了一个又一个的障碍，一次又一次的摔倒，但他从未言弃。那些没能打倒他的苦难反而让他变得更加强壮，更加乐观自信，逐步成长为幽默风趣的励志演讲家。令人感触最深的是，自己没有得到奇迹，但却成为别人的奇迹。坚强自立是创造生命奇迹的基础，生命是美好而脆弱的，但同时也是顽强的，只要坚定目标并不断地努力，终会实现自己的价值。当我们面对打击或挫折时，不放弃、勇敢乐观、朝着光明努力，一定会创造出奇迹。

参考文献

［1］史志诚. 毒物简史［M］. 北京：科学出版社，2012.

［2］SME 情报员. 史上最大药害事件背后的女英雄，顶住上亿人的压力，她拯救了一个国家［EB/OL］.（2017-02-04）https://zhuanlan.zhihu.com/p/25087046.

［3］健客网. 从失败中涅槃的重磅药物：来那度胺［EB/OL］.（2017-08-29）https://www.jianke.com/nrzl/4655250.html.

［4］夏言. 尼克·胡哲 像雕塑一样活着［M］. 北京：新世界出版社，2013.

第十一章　毒理基因组学和系统毒理学

第一节　课程思政教学设计

一、案例教学适用范围

本案例适用于本科生和研究生"卫生毒理学""毒理学基础与应用"等课程中"毒理基因组学和系统毒理学"相关章节的教学。

二、课程教学目标

1．知识目标
（1）掌握毒理基因组学相关概念。
（2）熟悉毒理基因组学研究的内容及其应用。
（3）了解毒理基因组学研究的平台。

2．能力目标
（1）理解毒理基因组学与毒理学其他分支学科的关系。
（2）理解毒理基因组学对系统毒理学发展的意义。

3．价值目标
通过案例教学，培养学生的专业素养和科学精神，从全方位多角度激发学生热爱毒理学、热爱预防医学的情操。

三、教学方法

本章课程教学适宜在理论教学过程中以案例方式融入相关思政课程内容。采用教师讲授、案例讨论等方式，将课程教学的知识目标、能力目标和价值目标融入其中。通过课程讲授，引导学生认识毒理基因组学的前沿，理解毒理基因组学与毒理学其他分支学科的关系，结合实际案例，提高学生的科研创新精神。

第二节　课程思政案例及分析

一、绘制生命密码的蓝图——杨焕明院士的求索

1. 案例正文

杨焕明，世界杰出的基因组学家，中国科学院院士，现任华大基因理事长、华大基因学院院长。他一直从事基因组学的研究，参与完成"国际人类基因组计划""国际人类单体型图计划""国际千人基因组计划""国际癌症基因组计划"等多项国际合作的基因组计划，为第一个亚洲人基因组、人类泛基因组学、古人类基因组、肠道 meta 基因组的研究做出重要贡献。

（1）敬畏科学，不懈求索。

杨焕明院士出生于温州乐清市一个依山傍水的美丽小山村，他读书期间常常要砍柴割草、捕鱼捉虾。但这样的生活，并没有阻止他向上的脚步，由于和大自然的频繁接触，他从莲藕的纹理中看到生命的美好，从水稻和谷子上找到灵感，产生探索生命的动力。

读书期间，他把所有能看的书籍都看遍了，凭借大量的阅读，培养了出色的写作能力。如今成为院士，他仍然每天阅读 30 篇以上的

文献资料，将看文献当作游戏，孜孜不倦地从中汲取乐趣和养分。

1975年，带着满腔的热爱和希冀，杨焕明进入了杭州大学，就读生物系，开启了长达一生的生命科学研究。毕业后，他继续到南京铁道医学院攻读硕士学位并留校任教；后远赴哥本哈根大学攻读博士学位，并在法、美进修博士后，取得了一系列斐然成果。

杨焕明感叹，爱上科学是最大的幸运。他说："没有科学，人类就没有力量，没有明天。"他希望更多对生命科学感兴趣的年轻人，选择生命科学研究作为自己的工作和事业，并让研究成果造福人类和大自然。

（2）勇于开拓，为国争光。

20世纪90年代，面对国外的高薪工作，杨焕明毅然决定回国从事基因组学研究。他带领团队参与完成了"人类基因组计划""人类单体型图计划"等国际合作的基因组计划，为水稻（籼稻）基因组、SARS冠状病毒的基因组研究等做出了重大贡献。他们所承担的人类基因组、水稻基因组以及家猪、家鸡、家蚕基因组等重大项目使我国的基因组研究得以跻身于世界前沿。其中最值得一提的是人类基因组计划，这是一项被誉为生命科学领域"阿波罗登月计划"的国际大科学计划，于1990年在美国启动，英国、日本、法国、德国相继加入，旨在测定人类基因组全部的DNA序列。1999年9月，在杨焕明等科学家的倡导下，中国加入了该项目，成为其中唯一一个发展中国家，负责测定人类基因组全部序列的1%。杨焕明说，"也许'1%项目'对整个项目而言有些微不足道，但它的实施给我国基因组学发展所带来的意义却是重大的。同时，'1%项目'也对社会公众进行了一次声势浩大的基因及基因组普及教育，为中国生命科学研究和生物产业发展开拓了无限的空间。"这个抢到的份额，让我们能够分享该计划涉及的所有技术、资源和数据，能够独立完成大型基因组分析，在人类科技史上留下了重要的一笔，带动中国基因技术从追赶实现并跑，在此后，中国的基因组学的发展走向世界第一梯队。

2007年，杨焕明又带领团队绘制出第一个黄种人基因图谱，这标志着中国基因研发技术达到世界领先地位，这项工作被美国《科学》杂志评为当年世界十大科技进展第一位。

杨焕明表示："我们对生命的认识还远远不够。"未来的基因组计划，将实现与遗传学、生物化学、信息科学等多学科的交流融合，不断完善生命科学的宏伟蓝图。

（3）温和谦逊，止于至善。

成为院士的杨焕明不忘反哺家乡，不断促进温州对外科技交流合作。如今他奔走于各大高校和论坛讲座，并且作为华大基因的董事和理事长，精益求精，努力做生命科学领域组学技术的标杆。杨焕明的观点令学者们受益匪浅，比如"人类基因组计划的公开分享，是为了全人类的利益""科技进步首先要证明正确性，其次才是有用性""道德要给科技保驾护航"。从事生物学研究四五十年，杨焕明认为基因对他来说仍然充满奥秘。这份谦逊平和的赤子之心，或许正是杨焕明强大的科研生命力的内在动力。

2. 案例分析

从小山村的少年到院士，杨焕明的成功并非偶然。杨焕明院士对科学充满热爱，对生命有敬畏心，这是每一个科研人应该学习的。也正是因为这份赤诚和热爱，促使他在科研道路上勇攀高峰、进无止境。杨焕明院士展现出对祖国、对人民的爱，也是每一个国民应该学习的。出于这份热爱，他禁得起国外优越条件的诱惑，在中国生命科学研究成果贫乏的年代，正是杨焕明等老一辈科学家带领国人开天辟地，使我们的基因组学从无到有，逐渐跻身世界前列。如今已进入大数据时代，在生命科学领域，组学已经越来越普遍，新的问题、新的需求和新的技术层出不穷。这需要我们把握机会，及时寻找突破口，利用好科学技术这把利刃，促使我国科研领域不断发展和进步。

二、癌症的个体化防治——测序技术在精准医疗中的应用

1. 案例正文

2013年5月，好莱坞女星安吉丽娜·朱莉对外宣称自己已预防

性地切除双侧乳腺,来降低罹患乳腺癌的风险。在《我为何切除双乳乳腺》一文中,她回忆了自己母亲患乳腺癌的痛苦经历。在做基因检测后,她发现自己同样存在 BRCA1 基因缺陷,患乳腺癌的风险高达 87%,患卵巢癌的概率是 50%。因此,她决定切除乳腺,并切除了双侧输卵管和卵巢。

同样著名的案例还有苹果教主乔布斯,也曾尝试通过基因组测序的手段来探寻治疗肿瘤的靶点。在当时测序费用极其昂贵的情况下,乔布斯在早期确诊胰腺神经内分泌瘤后,对自己的肿瘤进行了全基因组测序,希望从中找到新的治疗靶点和更有效的治疗方案。由于错误地推迟了手术时间,并于术后采取纯素食的不恰当膳食方案,乔布斯于抗癌八年后憾然离世。就在他去世的 2011 年,胰腺神经内分泌瘤的基因突变谱被公布,科学家发现 *MEN1* 是这类肿瘤最高频突变的基因,50% 以上肿瘤都带有 *MEN1* 突变。最新的研究表明,*MEN1* 突变肿瘤特别依赖一个叫 *DHODH* 的基因。细胞试验显示,如果能抑制 *DHODH* 基因的活性,这类肿瘤生长就会受到限制。如果乔布斯的生命能够延长一些时间,或许就能搭乘基因测序这列快车,实现肿瘤的靶向治疗。

安吉丽娜朱莉和乔布斯的案例很好地说明了测序技术在肿瘤个体化预防和治疗中的作用。恶性肿瘤是一种具有高度异质性的疾病。不同发病部位、不同肿瘤类型及不同患者的肿瘤,其生物学性状存在着巨大差异。传统的手术、放疗、化疗等"一刀切"的治疗方式,很难保证对每种类型、每个患者的肿瘤都有良好的效应,不同患者的敏感性存在巨大差异。甚至有研究显示,传统的方案中治疗肿瘤的无效率高达 75%。因此,肿瘤的临床治疗需要制订个体化的精准方案。

肿瘤个体化治疗是精准医疗的重要组成部分。精准医疗最先在 2015 年于美国提出,是一种将个人基因、环境与生活习惯等因素均考虑在内的疾病预防与治疗的新兴方法。近年来,美国国立卫生研究院(NIH)、食品药品监督管理局(FDA)、国家医疗信息技术协调办公室(ONC)等机构也进行了一系列的尝试和探索,以推动精准医疗的实施。作为最大的发展中国家,医疗资源的不平衡分布及医疗资源的相对缺乏提醒我们，实施个体化的精准医疗是很有必要的，能够在很大程度上减少医疗资源的浪费，很好地促进资源合理分配。

随着高通量测序技术的快速发展与广泛应用，"个人基因组"时代已拉开序幕，这为精准医疗的实现提供了利器。在癌症治疗和预防中，通过检测个体的基因信息，绘制独特的基因图谱，判断其是否携带某种肿瘤易感基因，从而选择更有效的诊断或治疗方案。这样的研究无疑是数据密集型的，组学和高通量的发展为其提供了基础和平台。在精准医疗的实施过程中，科学家及临床医生需要不断积累和完善现有的分子信息和临床数据，结合遗传学、生物化学、毒理学、环境卫生学等多门学科，对各种数据进行有效的整合，以针对不同个体的基因检测结果，结合既往暴露因素，提出特异性的治疗方案；当数据整合足够完善时，也可以用来预测健康人的某种疾病风险。

肿瘤的基因检测，是取被检者的血液或其他体液，进行 DNA 检测，扩增基因信息，并通过特定设备对细胞中的 DNA 分子信息做检测分析，判断肿瘤发生、发展、耐药、转移等可能性。目前最主流的 DNA 检测技术是下一代测序技术，随着组学技术的发展，更高通量以及更大灵敏性的检测手段将为这一领域提供便捷。基因检测为肿瘤患者提供不可替代的重要信息，主要包括以下几个方面：

（1）为靶向治疗提供依据。明确个体基因组中是否存在有效的可干预的突变靶点，判断能否接受特异性的靶向治疗。

（2）为免疫治疗提供依据。肿瘤的免疫治疗是通过激活人体免疫系统，利用自身免疫机能杀灭癌细胞和肿瘤组织。免疫治疗针对的靶标不是肿瘤细胞和组织，而是人体自身的免疫系统。在什么样的肿瘤患者中开展免疫治疗，能够最大限度地发挥作用，并减少不良反应的出现，是需要通过基因检测来回答的。

（3）为耐药提供合理解释及潜在解决方法。比如通过基因检测发现，一代靶向药用药后有很大概率检出 T790M 突变，这部分患者可以通过更换三代靶向药来延长生存时间。

（4）为化疗方案的选择提供相关信息。化疗耐药一直是热门问题。基因检测可以同时检出与化疗敏感性相关的靶基因，通过进一步评估选取最佳化疗方案，提高治疗效果，减少副作用。

（5）为预后预测提供参考。部分突变基因与肿瘤的复发、转移相关，及早发现这些基因的突变，可有效预测患者生存时间，更好地做到对症下药。

2. 案例分析

从苹果教主和好莱坞女神到寻常百姓，基于基因检测的个体化癌症治疗已逐渐被越来越多的人接受。这是患者个体的治疗需求，也是资源合理分配的必然要求。从"一刀切"的传统疗法，到精准合理的个体化方案，也说明了我们的医疗体系逐渐变得以人为本。个体化治疗是大势所趋，这离不开高通量和组学技术的发展。在公共卫生和预防医学领域，基于组学技术对疾病危险因素进行个体化评估，从而对个体的疾病风险进行预测，不仅有利于实现个体化治疗，也利于实现个体化预防。同样，在毒理学研究中，应用暴露前后的高通量数据差异，筛选与化学物暴露相关的毒性终点与差异基因，也为安全性评价和风险评估提供了更多的可用信息。如何将传统的毒性数据，与毒理基因组、毒理代谢组等高通量数据结合起来，实现临床转化和应用；如何在更多类型的肿瘤乃至更多类型的疾病中，做到有的放矢，是毒理基因组学和系统毒理学发展中应该考虑的重要问题。

参考文献

［1］周科，王晓丹. 从砍柴割草到"编写生命密码"：记基因组学家杨焕明［EB/OL］. 新华网，（2017 - 09 - 1）. http://www.xinhuanet.com/politics/2017 - 09/01/c_1121583248.htm.

［2］温州古道. 温州农村走出来的院士，带领中国基因研究走向世界［EB/OL］.（2020 - 10 - 29）. https://baijiahao.baidu.com/s?id = 1681849395072175844&wfr = spider&for = pc.

［3］陆成宽. 破译"生命天书"20 年 中国基因组研究跻身世界前列（ynet.cn）［EB/OL］. 北青网，（2021 - 06 - 28）. https://t.ynet.cn/baijia/31030961.html.

［4］陆成宽. 得了肿瘤，为什么要做基因检测？［EB/OL］.

(2022-02-16). https://www.chunyuyisheng.com/pc/article/149789/.

［5］百度文库. 精准医疗发展的必要性及实施步骤［EB/OL］. (2018-06-19) https://wenku.baidu.com/view/8826ed3ca1161479 1711cc7931b765ce05087a16.html.

第十二章　管理毒理学

第一节　课程思政教学设计

一、案例教学适用范围

本案例适用于本科生"毒理学"课程中"发育毒性"等相关章节的教学。

二、课程教学目标

1. **知识目标**

（1）掌握危险度、安全、安全性、可接受危险度、实际安全剂量、安全系数等基本概念，危险度评价4个阶段的内容和目的，化学物安全性评价基本程序。

（2）熟悉危险度评价的意义，危险度评价中的不确定因素，毒理学试验前的准备工作，安全性评价的意义，安全性评价需注意的问题。

（3）了解无阈值化学毒物的剂量–反应关系评价、全球化学品统一分类和标签制度。

2. **能力目标**

（1）了解安全性评价和风险评估的基本过程和要点。

（2）掌握安全性评价和风险评估的联系和区别。

3. 价值目标

（1）通过案例教学，培养学生的专业认同感。

（2）通过案例教学，培养学生诚信、敬畏生命、敬业精神和职业道德。

三、教学方法

本章课程教学，适宜在已经成熟的教学模式中，以案例方式融入思政相关问题。授课中，可充分运用教师讲授和小组案例讨论等形式；教师提出问题，将课程教学的知识目标、能力目标和价值目标融入案例讨论。

第二节　课程思政案例及分析

一、敬业的凯尔西

1. 案例正文

1960 年，弗兰西斯·凯尔西入职美国 FDA，担任药物审查员。刚入职，她就负责审查梅里尔公司提交的沙利度胺（商品名为 Kevadon）的常规上市申请书。此前，沙利度胺已在德国上市，用于治疗失眠、感冒和头痛。后来发现它对早孕反应的治疗效果很好，并因此获名"反应停"，被医生处方给孕妇服用，并在欧洲、加拿大、澳大利亚等国风靡。当时有个不成文的规定，对于已经在多个国家多年使用的药物，申请在美国上市通常只是走过场，很快会获批。然而，申请书到了凯尔西这里，情况完全不同了。20 年前，她和丈夫合作研究抗疟疾药物，发现药物可以通过兔子胎盘进入胎儿体内，因此她对孕妇的用药安全特别关注，对梅里尔公司的申请也格外慎重。梅里尔公司提交了欧洲动物试验和临床试验数据，同时还在美国募集 1200

名医生分发了250万片药物给2万多孕妇试用。基于专业知识，弗兰西斯·凯尔西认为梅里尔公司的数据不足以证明反应停对孕妇的安全性，认为可能会影响胎儿发育。她顶住来自药厂、游说团、医药界和妇女界等多方的巨大压力，不批准反应停在美国上市的申请[1]。1961年12月，《柳叶刀》发表了澳大利亚产科医生威廉·麦克布里德的文章，他认为反应停可致婴儿海豹畸形，德国儿科医生维杜金德·伦兹也提出相同看法。后来，西德出现了上万名海豹畸形儿诞生，美国因试药也出现了17例。事实证明了弗兰西斯·凯尔西的判断是对的。凯尔西凭借其敬业精神，成功阻止了一场公共卫生悲剧，并促成了一项悬而未决的法案的通过，即药品修正案，该法案从根本上改变了美国的药品管理。

2. 案例分析

敬业精神是在工作岗位上绽放光彩、实现自我价值的基础和强力支撑。弗兰西斯·凯尔西坚守职业原则，成功地阻止了美国公共卫生悲剧的发生。一个合格的毒理学家应根据法规、规范地对新化学物质和新产品进行毒理学安全评价，时刻秉持敬业精神。"敬业"中蕴含着人们对生产劳动的尊重和责任，包含着人们对劳动的敬畏和精益求精。"敬业"是我国社会主义核心价值观中的重要内容。习近平总书记多次在讲话中提到，要将"敬业"作为个人追求的重要价值观。党的十八大以来，习近平总书记大力倡导在全社会形成"敬业、乐业、精业"的工匠精神。新时代工匠精神的精髓是：执着专注，有"择一事终一生"的匠人情怀；精益求精，有"干一行专一行"的匠艺追求；一丝不苟，有"偏毫厘不敢安"的匠心理念；追求卓越，有"千万锤成一器"的理想目标[2]。

二、三聚氰胺毒奶粉事件

1. 案例正文

2008年9月，新闻再次报道甘肃岷县的14名婴儿被诊断出患有肾结石。截至2008年9月11日，甘肃共发现59例肾结石患儿，部分患儿已发展为肾功能不全,有 1 人死亡,引起社会的关注。调查发现大多数患儿都吃过"三鹿"牌婴幼儿配方奶粉。同时,中国多个省份也相继报道类似事件。因此,卫生部高度怀疑"三鹿"牌婴幼儿配方奶粉中含有三聚氰胺。三聚氰胺是一种化工原料,和奶粉有什么关系呢?食品工业中检测食物的蛋白质含量通常采用凯氏定氮法,即通过测定氮原子含量间接推算蛋白质含量。由于三聚氰胺含有的氮元素高,造假者在食品中添加三聚氰胺以增加蛋白质含量。如果长期摄入三聚氰胺会导致人体泌尿系统膀胱、肾产生结石,并可诱发膀胱癌。事件曝光后,国家质量监督检验检疫总局对全国婴幼儿奶粉三聚氰胺含量进行抽检,结果发现 22 家婴幼儿奶粉的 69 批次产品的三聚氰胺含量超标,这些奶粉被立即下架[3]。截至 2008 年 12 月 2 日,全国累计报告因食用问题奶粉导致泌尿系统出现异常的患儿共 29.40 万。"三聚氰胺毒奶粉"事件不仅对婴幼儿奶粉企业,甚至是整个乳制品产业链都形成了冲击,在相当长的一段时间内严重影响了我国乳制品产业的发展[4]。

2. 案例分析

食品安全问题频发,透露出的问题是企业缺乏对生命的敬畏之心,职业道德、社会道德等不过关,也透露出诚信危机。诚信是中华民族的传统美德,是实现中华民族伟大复兴的中国梦的价值依托和精神引领。诚信既是"儒家五常"即"仁、义、礼、智、信"要求之一,又是社会主义核心价值观要求之一,也是百业与国家兴盛的必然要求。"人而无信,不知其可也。"讲信用、守信用是个人道德修养的重要内容之一。习近平总书记指出,国民道德修养要从娃娃抓起、从青年抓起、从家庭家风抓起。道德修养就像扣扣子,第一粒错了,剩余的都会错[5]。青年时期是一个人面向未来扬帆起航的关键时期,诚信与否关系其未来的发展方向和高度。青年人要树立做人的准则,与人为善,明礼诚信。诚信是社会诚信体系的源头活水,对稳固社会信用根基具有至关重要的作用。诚信与否不仅影响青年人自身,还会影响其同代其他人,甚至影响到未来几代人。不仅如此,这种影响还会从经济领域扩展到政治领域、社会生活领域,其强大的辐射影响力不容忽视[6]。青年是时代的晴雨表,是凝聚诚信力量与失信抗争的强大后盾。作为中华民族的未来和希望,广大青年要准确把握自身的历史使命和责任担当,把正确的道德认知、自觉的道德养成、积极的道德实践紧密结合起来,"立大德、守公德、严私德",不辱时代使命,不负人民期望,始终走在时代前列,在激扬青春、开拓人生、奉献社会的进程中书写无愧于时代的壮丽人生[7]!

生命是宝贵的,每个人的生命都是一场美妙的旅程,任何人都不应该剥夺他人宝贵的生命。当我们所做的工作关乎更多的生命时,更应该对生命抱有敬畏之心,始终秉承对生命的那份厚重情怀,而不是亵渎生命甚至损害他人的生命来谋取非法利益。

三、小儿磺胺酏剂事件

1. 案例正文

磺胺药物在临床上常用来治疗细菌感染,从1935年开始,各种磺胺片剂、胶囊剂相继被使用。为了方便儿童服用,1937年,美国Massengill公司用二甘醇作溶剂制成口服液体制剂,称为磺胺酏剂。该制剂中有含10%氨基苯磺酰胺和72%二甘醇。然而,该公司并没有做动物实验,仅看看外观和气味就直接投放到市场。1937年10月,出现了第一例因磺胺酏剂死亡的病例,美国医学协会杂志发表评论,警告临床医生不要滥用磺胺药,需警惕不良反应。接着几天,陆续收到6例因服用磺胺酏剂发生肾衰竭的病例报告。在9—10月期间,塔尔萨市的不明原因患肾功能衰竭病例大量增加,医生怀疑和服用磺胺酏剂有关。因此,美国药学会介入调查,发现这些磺胺酏剂并未获批准就进入市场。然而,该公司和瓦特金斯仍不肯提供磺胺酏剂的成分和药物的毒理实验数据。为了证实药物没有毒性,瓦特金斯本人还服用少量的磺胺酏剂和二甘醇[8]。

10月中旬,塔尔萨市的病例报告显示有105例死亡,其中包括34个儿童和71个成人。起初怀疑是磺胺药物引起的,在分析了磺胺酏剂的成分并分别做毒理实验,并检测了药品中的铋、汞、砷等有毒金属含量，最终发现毒性来自磺胺酏剂中的二甘醇。Massengill 公司立即召回所有磺胺酏剂。

2．案例分析

药品作为治疗、预防和诊断人体健康的特殊商品，直接关系到人们的身体健康和生命安全，因此要求药物研发者和从业者秉持严谨的科学精神。Massengill 公司不负责任的行为却与之背道而驰。当工作牵扯成百上千人的生命时，更应该保持严谨的科学态度，怀着敬畏之心。严谨的学习态度往往能使我们打下扎实的知识和技能功底，并在以后的工作中表现出严谨的工作作风，使我们终身受益。尽管严谨往往和艰辛努力相连，和全身心付出相伴，但我们能从中受益更多。作为学生，应保持严谨的科学精神，拒绝抄袭、作假等学术不端，严谨治学，拿出真实可靠的学术成果。

参考文献

［1］佚名．史上很大药害事件："反应停"事件中的女英雄、制药公司和监管革命［EB/OL］．（2018 - 06 - 17）．https://www.medsci.cn/article/show_article.do?id = 8a04413983a.

［2］王超．新时代工匠精神研究［J］．公关世界，2023，547（7）：75 - 77.

［3］孙丰梅，兰凤英，曲丽洁，等．思政教育融入食品安全案例课程的设计与实践［J］．中国食品，2022（8）：115 - 117.

［4］靳明，杨波，赵敏．食品安全事件对我国乳制品产业的冲击影响与恢复研究：以"三聚氰胺"等事件为例［J］．商业经济与管理，2015（12）：81 - 91.

［5］郑仕强．立德树人视域下食品质量与安全专业加强思政教育的路径探索：评《食品质量与安全管理（第4版）》［J］．食品安全质量检测学报，2022，13（8）：2708.

［6］王明志．习近平关于诚信建设重要论述的三维探析［J］．齐齐哈尔大学学报（哲学社会科学版），2022（1）：4 - 6，33.

［7］欧奇令，杨贵生，蔡明刚．习近平新时代中国特色社会主

义思想的中华优秀传统文化根源研究［J］．创造，2020（8）：10-16．

［8］蔡皓东．1937年磺胺酏剂（含二甘醇）事件及其重演［J］．药物不良反应杂志，2006（3）：217-220．

第十三章　转化毒理学

第一节　课程思政教学设计

一、案例教学适用范围

本案例适用于本科生和研究生"毒理学基础""毒理学研究方法与技术"等课程中"转化毒理学"相关章节的教学。

二、课程教学目标

1. **知识目标**

要求学生掌握转化毒理学的概念、研究方法和研究内容；熟悉转化毒理学在实际工作中的应用和展望等相关知识。

2. **能力目标**

（1）通过本章节学习，让学生能够掌握各类卫生标准或基准制定的方法和流程。

（2）通过本章节学习，让学生能够理解生物标志应用于临床药物的安全性评价。

3. **价值目标**

通过理论教学，让学生明白开展转化毒理学研究，在提高公共卫生服务质量的同时，还可以提升人群健康水平，维护生态环境发展，在促进健康中国战略中发挥重要作用。

三、教学方法

本章课程教学采用理论讲授,利用教师讲授提问、学生思考讨论等方式来完成课程教学的知识目标、能力目标和价值目标。通过课程讲授,让学生明白转化毒理学不仅是现代医学的一个基础研究方向,而且是一门与经济建设、人民生活以及生态环境保护密切相关的应用学科。课程将通过案例分析,提高学生对理论知识的理解和认知。

第二节 课程思政案例及分析

一、苏丹红事件

1. 案例正文

2005年2月18日,英国食品标准局(The Food Standard Agency,FSA)公布了一份通告:亨氏、联合利华等30家知名企业的产品中疑似含有致癌性的工业染色剂——苏丹红一号,涉及的食品种类有香肠、面包、馅饼和调味料等,FSA就这些添加了苏丹红的食品向消费者提出警告并将其召回,截至21日,召回名单上的食品已经高达419种。这一通告很快就引起了各大媒体以及消费者的关注。随后,一场声势浩大的查禁苏丹红一号的行动席卷全球,同时,我国国家质检总局也展开了对于苏丹红染色食品的严查。

然而讽刺的是,就在FSA发布通告的十多天之后,3月4~5日,北京和广州相继在亨氏公司所生产的辣椒酱中检测到苏丹红一号。在不到一个月里,浙江省工商局发布消费警告,苏丹红一号染色的现象也出现在了浙江生产的几种食品中;随后,上海肯德基旗下产品"新奥尔良烤翅"等5种食品里也都相继发现了苏丹红一号。最终,根据国家质检总局公布的数据,全国共有18个省市30家企业的

88个样品中都检测出了工业用染色剂——苏丹红一号。从广州到北京，苏丹红染色的现象似乎已经"席卷全国"了。与此同时，针对苏丹红一号的地毯式检查也在全国范围内展开。经过全国各地各级质监部门稽查人员的层层调查，最终在4月10日，国家质检总局确认，广州田洋食品有限公司所生产的原料是以上这些含有"苏丹红一号"食品的源头。

一波未平，一波又起，就在苏丹红一号事件的罪魁祸首即将接受法律惩罚时，2006年11月北京又爆出红心鸭蛋事件，并且此次在咸鸭蛋中发现的是比以往事件中使用的苏丹红一号毒性更强的苏丹红四号。同时，央视的《每周质量报告》栏目对这些咸鸭蛋进行了曝光，所谓的"红心蛋"并非像商家宣传的那样，是由于鸭子不吃饲料，经常吃小鱼小虾和水草等野食下出来的营养蛋。全国各级农业主管部门立即组织进行苏丹红专项检查，全国范围内又展开了新一轮的针对苏丹红四号的大范围检查。

苏丹红是一系列工业合成染色剂的总称，其特点是成本低、颜色鲜亮、不易褪色，在传统工业中主要用于鞋油、汽油等化工产品的着色，而一些不良商家为了节省成本、以次充好，会在食品中添加苏丹红，以达到使食物外观更鲜亮的目的。

在当时，苏丹红所引起的恐慌可以说是全国性的，一些颜色发红且鲜亮的食品都会被人们怀疑是添加了苏丹红。之所以从政府到人民群众都对这次的染色事件反应如此强烈，是因为关于苏丹红有害的毒理学证据已经非常充足了。国际癌症研究机构（IARC）将苏丹红Ⅰ、Ⅲ、Ⅳ归类为三级致癌物，将苏丹红Ⅱ归类为二级致癌物，1995年欧盟等国家就已经禁止将其作为色素添加在食品中，我国于1996年出台的《食品添加剂卫生标准》也规定，禁止将苏丹红作为食品添加剂进行食品的加工生产。动物实验的结果告诉我们，苏丹红中含有偶氮苯，进入体内后，偶氮苯会被代谢降解为苯胺，苯胺是一种中等毒性的致癌物可以诱发肝细胞基因突变，造成肝细胞损伤，甚至最终导致肝脏生成肿瘤；除此之外，苯胺还会引起神经系统以及心血管系统的损伤。

受到苏丹红事件的启发，不管是政府还是民众，都深深体会到了维护消费者权益和身体健康的重要性。这件事直接促进了《食品中苏丹红染料的检测方法——高效液相色谱法》国家标准的出台，长达近十年来中国国内苏丹红监测标准一直缺失的问题终于成为历史。并且，在2005年两会期间，200多名人大代表联名上交提案，建议尽快出台《食品安全法》，建立统一的食品监督体系。国家标准委在清理旧的、过时的食品法规之后，相关卫生部门又根据食品行业的现状以及当前关于苏丹红的毒理学研究证据，在2008—2011年间，陆续地发布了6批针对我国食品中可能违法添加的非食用性物质以及容易被滥用的食品添加剂的名单。

2. 案例分析

回顾整件事情，不难发现，在事情发生之前，有关于苏丹红的相关法规体系已经初步形成。但是在事情发生后，国家质检局下发要求对含有苏丹红的食品加强检验监管的紧急通知后，政府质检部门尴尬地发现，中国并无针对苏丹红一号的检测标准，且在实际调查过程中，一些部门的检测机构甚至只能对柠檬黄等几种常规的人工色素进行检验。苏丹红事件，是一个典型的食品安全问题，更是一起严重的突发公共卫生事件。本案例中，从一开始虽有标准却无检测手段，到后续根据以往学者进行的各种毒性试验证据进一步对相关规定政策的制定和执行进行完善，正是转化毒理学实现基础研究和社会需求实际应用双向转化的体现。同时我们也应该意识到，为了有效地保障食品安全、维护社会稳定，毒理学不能作为一门孤立的学科，只有将毒理学的相关成果与其他学科进行多层次的融合，加之社会多部门的协作才能真正地使毒理学的研究成为保护人类免受伤害的武器。

二、以身试药的科学家们

1. 案例正文

（1）以身试药，研制出我国首创的重金属广谱解毒药物的丁光生。

丁光生先生于1921年7月23日出生在一个科学世家，他的父亲是我国半微量分析化学研究以及世界化学通史研究的开拓者之一，而母亲是我国早期的留学生之一。在家族影响下，丁光生先生自幼就以"科学救国"为志。

1951年，丁光生自美国学成归来，加入了中科院上海药物研究所。20世纪50年代，血吸虫病在我国南方广泛流行，调查显示全国有1亿人口直接或间接生活在血吸虫病的风险中。当时全球治疗血吸虫病只有一种特效药——酒石酸锑钾，而这种药物只能通过静脉注射给药，且毒性很大，因此在使用过程中时常有锑中毒发生，甚至会危及患者生命。

为了解决这一难题，1957年，丁光生先生与同事合作研究出了针对锑中毒的特效解毒药——二巯丁二钠。在动物实验中，这种药物显示出了很强的解毒效能，且对铅、汞等其他重金属中毒也有很好的解毒作用。但是一种好药，除了疗效好，还需要具备毒性低、副作用小的特点，以当时的科研条件，根本无法进行有效的临床试验。丁光生毅然选择用自己的身体进行试验，成为该药第一批临床试验的"病人"。

1958年4月26日，上海中山医院内，在医师的监护下，一剂0.2克的二巯丁二钠被注射入丁光生的静脉内，此时所有参与实验的人都紧张了起来，因为一旦出现不良药物反应，丁光生很有可能面临生命危险。

在经过一系列临床检测后，数据表明新药研发成功，可以投入治疗使用。这个好消息让在场的研究人员紧紧拥抱在一起，喜极而泣。

后来的临床试验也显示，该药不仅能解锑剂的毒，对铅中毒、汞中毒，甚至砷中毒也有很好的疗效。1991年，FDA正式批准二巯基丁二酸用于儿童铅中毒治疗，这是我国自主研制的化学药品，首次被美国批准仿制！

（2）"糖丸爷爷"顾方舟。

他用一颗糖丸消灭了可怕的疾病，他是被誉为"中国脊髓灰质炎之父"，同时被孩子们称呼为"糖丸爷爷"的顾方舟。

中国历史上一直有脊髓灰质炎流行，自20世纪50年代起就有疫情定期出现的记录。20世纪60年代初期，每年报告的因脊髓灰质炎造成的小儿麻痹20000～43000例，且病例数还在不断攀升，数以万计的儿童因此致残致畸。1955年，我国有史以来第一次小儿麻痹症大流行发生在江苏南通。值此国家危难之际，曾在苏联攻读病毒学的顾方舟临危受命，承担起了脊灰疫苗的研制工作。当时普遍使用的脊灰疫苗有两种——死毒疫苗和减毒活疫苗，可是各国在采用哪种疫苗这个问题上众说纷纭。顾方舟认为，要想根本性地解决问题，必须根据我国国情研究自己的疫苗。

1958年，顾方舟先生成功研制出了液体活疫苗，可是随之而来的，是各种质疑，人们都害怕加入了活病毒的疫苗会不会导致孩子患病。因为在当时，虽然动物实验与以猴子为主体的实验都已经完成，可是临床试验是最难完成的。就在所有人都束手无策时，顾方舟却用惊人的方式证明了他对科研事业的坚持——他喝下了副作用不明的疫苗溶液，在他的带动下同事们也纷纷喝下疫苗溶液。一周之后，所有人生命体征平稳，没有任何异常。

后来，顾方舟从元宵的制作方法中得到灵感，制出了一层药一层糖的糖丸疫苗，这种糖丸不仅便于儿童服用，还能延长疫苗的保存时间，这样一来，农村偏远地区的孩子也能用上疫苗了。从此以后，我国脊髓灰质炎的发病率大大降低，2000年世卫组织宣布我国成为无脊髓灰质炎国家，曾经困扰我国多年的小儿麻痹症从此被消灭了。而在接受采访时，顾方舟淡淡地说："我一生只做了一件事，就是做了一颗小小的糖丸。"

（3）屠呦呦：一株小草改变世界。

1972年7月，3位特殊的"病人"住进了北京东直门医院。说她们特殊，是因为她们并没有生病，而是肩负着一个重要的使命——以身试毒。

半年前，关于青蒿素的研究逐渐成熟，正当大家满心期待其临床效果时，问题来了：为了确保病人的安全，在药物上市之前，临床实验必不可少。按照流程，青蒿提取物191号想要上市，必须要先经过层层申报批准，然后征集人体实验志愿者来测试新药，最后才能投入批量生产。但是，要等到人体实验成功，再把成品药发送到病人手中，前前后后几乎要整整一年的时间！这对病人、对整个国家的损失都是巨大的。更何况，在此之前的190次实验都以失败告终，191号可谓是课题组最后的希望了。屠呦呦站了出来："第一批实验者由我带头，我请求用我自己的身体，进行人体实验。"此言一出，人们纷纷阻止，因为就算是经过无数次实验筛选出来的青蒿素191号，在以往的动物实验中也出现了毒性效应。可是屠呦呦表示自己作为课题组组长，这191号就像是她的孩子，她对自己和科研组有着绝对的信任。

于是，在病房里，她平静地服下了黑膏状的青蒿提取物。数日之后，医院里传来了鼓舞人心的消息，经过一周的严密观察，青蒿提取物191号无毒高效！屠呦呦和两位同事安然无恙地从病房里走了出来，迎接她们的是大家发自内心的热烈掌声——实验获得了成功！

以身试药的屠呦呦，并不知道自己有一天会获得诺贝尔奖，她只知道自己试药成功，千千万万的人才能免受疟疾的折磨。如今，已年过九旬的屠呦呦仍牵挂着青蒿素和疟疾研究，对于她来说，只要是国家需要，她都会尽自己的所有努力去完成。

2. **案例分析**

古有神农尝百草，今有前辈们以身试药。正因为无数研究人员的不顾一切、一心奉献，现在的我们才能免受许多疾病的折磨。短短几十年，我国发展日新月异，转化毒理学面临着许多新的挑战：如何找到快速、可行的策略手段以评价有害物质对人群健康影响、如何应用传统毒理学的结果对各种物质进行安全评价等。总的来说，毒理学的发展是机遇与挑战并行，这就要求我们毒理学工作者不仅要站在本领域的国际前沿，更要对生物、物理、化学等学科的最新成果和优秀的技术进行学习和借鉴。我们要学习前辈们敢于尝试的勇气与自信，积极利用新方法开展转化毒理学的研究，及时解决在社会发展中出现的新问题，满足国家高质量发展的新要求，为人类的生命健康贡献中国力量。

参考文献

［1］联合利华网苏丹红事件回顾. 中国计量杂志，2008 （11）：17.

［2］徐楠轩. 从"苏丹红"事件看我国食品信息追溯制度的建立［J］. 中国卫生法制，2007（6）：7-9.

［3］史红斌. 苏丹红事件：有组织的不负责任［J］. 当代经理人，2006（9）：160.

第十四章　纳米毒理学

第一节　课程思政教学设计

一、案例教学适用范围

本案例适用于本科生和研究生"毒理学基础""毒理学研究方法与技术"等课程中"纳米毒理学"相关章节的教学。

二、课程教学目标

（1）通过该章节的学习，使学生掌握纳米毒理学基本概念，从纳米角度熟悉有害因素的毒性与作用机制，了解纳米毒理学相关的研究与评价方法。

（2）从学科交叉角度让学生们认识到开展纳米毒理学研究与评价的必要性、科学性和严谨性。通过案例引导学生提高专业素养、加强专业自信，并激发其保持高度的社会责任感，从而达到"立德树人"的培养目标。

三、教学方法

本课程可采用翻转课堂教学方式，通过预先给予纳米毒理学的历史案例，让学生课前进行预习和分组讨论。课堂上，教师结合教学目标进行理论讲授,并通过"老师提问—学生讨论、回答—老师总结"的方式完成相关内容的学习,达成教学目标。

第二节　课程思政案例及分析

深入开展纳米毒理学的必要性

1. 案例正文

1914 年,Richard Adolf Zsigmondy 第一次观察并测量了纳米粒子的尺寸,他是第一个使用"纳米"这个词语的人,并发明了第一个基于纳米级颗粒尺寸的系统分类方法。1959 年,物理学家理查德·费曼在加州理工学院发表演讲,第一次介绍了"纳米技术"的概念,这被视为有关纳米技术的第一次学术讨论。20 世纪 80 年代,纳米技术发展成为一个独特的研究领域。

伴随着纳米技术的迅速发展,纳米材料层出不穷,并被广泛应用于生产、生活领域,在药物递送、诊断、化妆品和其他生物和非生物领域有着广泛的应用,然而对于这类新材料的毒性了解却相对不足。为确保公众健康,开展纳米毒理学研究尤为必要。相关统计数据显示,在 2000—2019 年,Pubmed 数据库检索到纳米材料及安全性研究的科研论文呈指数级增长,为了解这些纳米颗粒的毒性和安全性做出了相当大的努力。

2. 案例分析

从 21 世纪初开始,学术界、政府机构及大众对纳米材料带来的潜在健康危害表示担忧。尽管在过去 20 多年中,人类对于纳米材料的毒性研究获得了突破性进展。然而,仍有诸多问题尚未得到充分回答。目前,美国环境保护局的国家环境研究中心、国家毒理学计划研究机构、国家环境卫生研究所和国家卫生研究所发起了多学科研究项目,以解决纳米颗粒对人类健康和环境的影响。借此案例,鼓励学生

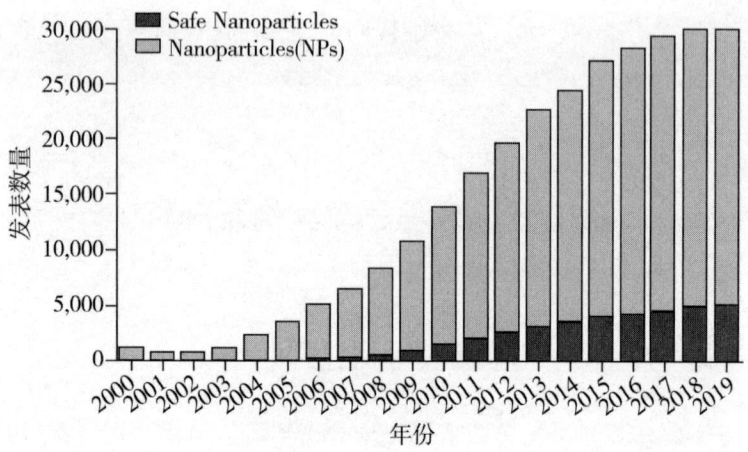

图 14-1 Pubmed 数据库检索到 2000—2019 年发表的科学论文数量[1]

积极投身纳米毒理学这一新领域的研究，深入探讨纳米材料的毒性作用与机制，以最大限度减少和预防纳米颗粒的毒性，促进更安全的纳米技术。

参考文献

[1] NAJAHI-MISSAOUI W, ARNOLD R D, CUMMINGS B S. Safe nanoparticles: are we there yet? [J]. International journal of molecular science. 2020, 22（1）: 385.

第十五章 放射毒理学

第一节 课程思政教学设计

一、案例教学适用范围

本案例适用于本科生"卫生毒理学"课程中"放射毒理学"相关章节的教学。

二、课程教学目标

1. **知识目标**

（1）了解辐射分类与电离辐射剂量学、放射性核素的衰变与常见的核素。

（2）掌握放射毒理的定义，放射性核素内照射生物效应、作用特点及影响因素。

（3）熟悉放射性核素生物效应的分子基础。

2. **能力目标**

（1）能够了解日常生活及职业工作场所中常见的放射性物质及可能的中毒症状。

（2）利用所学知识引导家人和朋友树立科学正确的毒理学观念，减少具有放射性物质的接触，建立正确的防护意识。

3. 价值目标

了解放射性辐射的健康和社会危害，培养学生树立正确的环保意识。

三、教学方法

结合《"健康中国2030"规划纲要》《健康中国行动（2019—2030年）》及十四五规划大背景，利用切尔诺贝利核电站爆炸、日本核废水排放及居里夫人的事件引起学生对辐射危害的关注和思考。激发学生的社会公德心，树立其正确的科学观、价值观。认识日常生活中的放射性核素及其毒性效应。教具主要包括视频资料及ppt。

第二节 课程思政案例及分析

一、切尔诺贝利核电站爆炸

1. 案例正文

1986年4月26日凌晨1点23分，苏联最大的核电站切尔诺贝利发生爆炸。这场灾难性的大爆炸释放出大量放射性物质，污染了欧洲的大部分地区。该事故释放的辐射剂量是第二次世界大战期间在广岛爆炸的原子弹的400多倍[1]。然而直到在瑞典境内发现辐射严重超标后，这起事故才得到曝光。最终，切尔诺贝利核电站爆炸事故被归类为第七级（最高）核事故。

1986年4月，在计划关闭切尔诺贝利核电站4号机组的停机检查过程中，因核电站工人出现操作失误而导致悲剧的发生。事故发生时当场死亡2人，还有29人在热辐射以及γ辐照中烧伤[2]。1992年，乌克兰官方公布，因本次事故而死亡的人数高达7000余人。然而，事故当时造成的人员伤亡并不是此次事件中最大的危害。此次事故对生态环境、经济、人群健康损害造成了长期的影响。

此次事故造成的经济损失高达 80 亿卢布。白俄罗斯因此损失 20% 的农业用地，大范围土地受到污染，数百个村庄和城镇被废弃。核电站附近约 1000 公顷森林枯萎死亡，距核电站 30 公里外的地区也不安全，癌症、儿童甲状腺疾病以及畸形家畜的发生率急剧增加。事故发生后两年，最大辐照区域出生缺陷显著增高。童年期生活在该受污染地区的人群中，约有 5 万人被确诊甲状腺癌。这些病例大多是由于饮用被放射性碘污染的牛奶引起的，除此之外各种恶性肿瘤的绝对数量在事故发生后 5 年内迅速增加[3]。

从事故发生至今，为了控制放射性尘埃造成的食品污染，尤其是为了防止铯-137，大多数受切尔诺贝利影响的欧洲国家都强制实施了食品限制。铯是一种高度可溶于海水的放射性核素，半衰期约为 30.2 年，其进入体内后会引起软组织肿瘤和其他相关癌症。

2．案例分析

如今，核工业在我国发展迅猛，在国防中占据重要的战略地位，在国民经济发展中也有极其重要的作用。然而，良好的社会效益背后也暗藏巨大危机，如何掌控"核"这把双刃剑，改善与保障核工业的发展？这是一个需要深入研讨的问题。

首先，建设核工业设施时的选址，是一个重点工作。地质、气象、水文、土建运输以及其他社会因素，都要考虑周全。选址应远离可能发生地震灾害的地区，应考虑地质稳定、远离居民区或处于住宅下风向等因素。

其次，加强规范管理和宣传教育，相关从业人员需严格遵守专业的操作规范。提高防范意识。对外照射的防护必须要结合屏蔽情况、距离以及照射的时间这 3 个原则进行外照射的防护工作。在开展辐射防护工作的时候需尽可能地减少人体在核辐射环境当中的停留时间，完成工作任务后需要尽快地离开核辐射环境，减少核辐射对人体的危害[4]。

二、日本将福岛核废水直排太平洋

1. 案例正文

2021年4月13日,日本政府召开内阁会议,正式宣布向海洋排放福岛核废水。日本不顾国内外的质疑和反对,未与周边国家和国际社会充分协商,单方面决定向太平洋排放百万余吨核废水,引起国际社会的广泛关注[5]。

2011年3月11日,因地震引发日本福岛核电站核泄漏,福岛核电站的四个反应堆均受到不同程度损伤,其中3个反应堆的堆芯已经熔毁。日本不得不引入海水进行冷却,海水与渗入反应堆的地下水、雨水混合,形成大量的放射性核废水,这些核废水被暂时储存在1000余个储蓄罐中。由于日本东京电力公司的液体存储空间不足,2019年9月10日,日本环境大臣原田一昭在东京的新闻发布会上表示,"将核废水排入太平洋是唯一的选择"。

然而,一旦如此庞大数量的核废水倒入太平洋,必然会造成有史以来最大的海洋生态污染。美国《科学》杂志分析,虽然日本的核废水经过了一定处理,但仍然含有多种放射性物质[6]。核废水中含有大量的放射性元素,其中以氚的含量最高;其次是碳-14、钴-60和锶-90,这3种元素的降解时间较长,容易进入海洋沉积物中被海洋生物吸收,能以较长和复杂的方式影响海洋环境。除此之外,放射性元素还可能会污染饮用水、土壤和陆地动植物。放射性元素会在海洋及陆地生物体内不断积累,人类也会因为食用海洋生物而导致放射性元素在人体中不断蓄积,对人类健康具有潜在的危害。

2. 案例分析

通过此案例,让学生意识到核能源的潜在威胁,提高预防意识和突发应急事件的处理能力。同时,让学生们认识到科学技术的发展是一把双刃剑,在用好科技为社会、为人民创造财富和幸福的同时,要通过本专业的专业知识,为人民的健康保驾护航。

三、居里夫人

1. 案例正文

玛丽·居里，人称"居里夫人"，是世界上第一位两次获得诺贝尔奖的人。她与丈夫彼埃尔·居里通过艰辛的努力，共同发现了两种具有放射性的元素——镭与钋。为了获得镭，居里夫人夫妇在简陋的棚里，从数千斤沥青矿残渣中分离镭。于1902年，经过3年9个月的不懈努力，终于从矿渣中提取出0.1克镭盐，并初步确定了镭的原子量[7]。

然而，根据居里夫人的计算，需要处理加工大约8吨沥青铀矿才能分离得到1克纯镭。在处理如此大量的放射性物质时，居里夫人夫妇在不知情的情况下不断地将自己暴露在放射性物质中，他们的食物和衣服均被镭污染，并吸入铀和镭衰变的气态副产品——氡[8]。皮埃尔·居里因为将他的手臂连续暴露在镭中几个小时，从而发生了烧伤，因此居里夫妇发现镭会对人体造成伤害，过后主张对与放射性物质接触的人员进行专门的训练[9]。居里夫人将自己获得的诺贝尔奖奖金都用到了研究之中及捐赠给社会，其最伟大的科学成果之一便是应用放射性元素治疗癌症，然而就是这样一位对放射性元素应用具有卓越贡献的伟大科学家最后却死于放射性疾病[10]。

长期在放射性环境下工作和自身防护工作的不足，居里夫人的身体遭受放射性元素多年的侵袭，导致她的身体受到严重伤害，最后患上了白血病。除此之外，居里夫人身体的多个器官组织也受到了不同程度的损伤，例如肺部、胆囊、肾脏，甚至还患有神经错乱症。对居里夫人来说，科学研究是她生命中最重要、至高无上的事情，甚至因此不顾自己的身体健康。为了能参加世界物理大会，她不惜请求她的医生推迟她的肾脏手术时间。病重的居里夫人仍要求她的女儿汇报实验室的工作情况，校对她写的《放射性》著作，1934年7月4日，居里夫人由于再生障碍性贫血而去世，将她的一生完全献给了她所挚爱的科学事业。

诺贝尔奖官方推特账号发布的一条科普公告中曾提到,1899年至1902年期间居里夫人在她实验室里使用的笔记本至今仍具有放射性,这种放射性并将持续1500年左右。直到今天,居里夫人留下的一些资料,包括书籍和论文仍具有很强的放射性,必须保存在铅盒中[11]。

2. 案例分析

居里夫人是放射学领域的伟大先驱,将一生都奉献给了自己热爱的科学事业,开创了很多划时代的研究成果,其身上诸多的优秀品质值得当代学生学习。

居里夫人的故事告诉我们:处于社会底层、出生贫苦、遭受不幸的人们只要能意志坚强、勤奋学习,也能勇攀人生巅峰。社会中女性在许多方面可能会遭受歧视与不公,但只要像居里夫人一样坚定,敢于拼搏、踏实做事,那些保守的禁锢与枷锁一定会被打破。认识事物的多面性,全面地看待事物,放射性元素不仅仅可以治疗癌症,也可以导致癌症的发生,需要学生们辩证地看待事物。

参考文献

[1] BURKI T K. Chernobyl's tomb [J]. Lancet Oncology, 2017, 18 (6): 718.

[2] BONTE F J. Chernobyl retrospective [J]. Seminars in nuclear medicine, 1988, 18 (1): 16-24.

[3] PEPLOW M. Chernobyl's legacy [J]. Nature, 2011, 471 (7340): 562-565.

[4] 潘泓泉. 核辐射及其安全防护策略 [J]. 区域治理, 2018 (44): 59.

[5] 科技日报. 专家:日本核废水入海对环境影响复杂深远 [EB/OL] (2021-04-14). http://www.xinhuanet.com/science/2021-04/14/c_139878892.htm.

[6] 环球科学. 日本福岛核废水排海将带来哪些危害?[EB/OL] (2021-04-14). https://huanqiukexue.com/a/qianyan/diqiuzi-

ran/2021/0414/31418. html.

[7] 陈嫒. 居里夫人发现镭[J]. 开卷有益—求医问药, 2015 (9): 6-8.

[8] COPPES-ZANTINGA A R, COPPES M J. The early years of radiation protection: a tribute to Madame Curie [J]. Canadian medical, association journal, 1998, 159 (11): 1389-1391.

[9] Madame Curie warns radium amateurs [J]. New York Times, 1929, 1: 4.

[10] 宏量. 居里夫人与放射病[J]. 医药与保健, 2012 (8): 20-21.

[11] ALLISY A. Henri Becquerel: the discovery of radioactivity [J]. Radiation protection dosimetry, 1996, 68 (1-2): 3-10.

第十六章 血液毒理学

第一节 课程思政教学设计

一、案例教学适用范围

本案例适用于本科生和研究生"卫生毒理学""现代毒理学""毒理学基础"等课程中"血液毒理学"相关章节的教学。

二、课程教学目标

1. 知识目标
(1) 掌握血液系统的构成及特点。
(2) 掌握外源化学物对红细胞、白细胞以及血小板的毒作用。
(3) 熟悉血液毒理学的研究方法与评价。
2. 能力目标
(1) 通过案例讨论,让学生更加全面地了解血液系统的构成及特点。
(2) 通过案例讨论,让学生主动加深对外源化学物的血细胞毒作用的理解。
3. 价值目标
(1) 通过小组案例讨论的教学活动,提高学生学习的主动性、成就感、自信心和团队协作能力。

（2）通过案例教学，让学生了解毒理学在医学研究中的重要作用，树立正确的学术道德和规范意识，激发创新精神，培养爱国情怀和社会责任感。

三、教学方法

本章课程采用翻转课程教学，让学生提前自学慕课和讨论案例，充分结合教师讲授、学生讲课、小组案例讨论等授课形式开展线下理论授课。教师提出问题，将课程教学的知识目标、能力目标和价值目标融入案例讨论，理论联系实际，提高学生学习的积极性和主动性。

第二节　课程思政案例及分析

一、苯：芳香杀手

1. 案例正文

现年48岁的张大姐家住河北农村，早年间为了改善家中的生活，赴外省一家箱包制造公司打工。张大姐的工作内容为用一种无色的胶水对箱包部件进行粘连，每天工作约10小时。尽管工厂发放了口罩、手套等个人防护用品，也再三强调要佩戴防护用品，但张大姐觉得妨碍操作，因此，张大姐在实际操作过程中并未佩戴。半年后，张大姐时常头晕目眩、全身无力、牙龈接触性持续出血、高烧不退，身体极度虚弱。一天，张大姐在工作时突然晕倒，随即被送往医院救治。经检查，张大姐血红细胞、血色素、血小板、白细胞数值均显著降低，骨髓造血功能衰竭，被确诊为重度苯中毒。

苯是一种无色透明的油状液体，在常温下极易挥发，具有特殊芳香味，可溶于乙醇、乙醚、汽油等有机溶剂，易燃易爆，具有中等毒性。在现代工业中，苯主要用途是作为各种化工产品的生产原料，如苯乙烯、苯酚、合成洗涤剂、合成药物、化肥、炸药和农药。

19世纪，欧洲各国已普遍使用煤气照明。煤气压缩在钢瓶内贮存、运输和使用。后来，人们发现用久了的煤气钢瓶底部和瓶壁上粘有许多油状物。直到1825年，英国科学家法拉第把这种油状物收集起来，用蒸馏法分离出了一种清亮的液体物质。经分析得知，这种物质是一种碳氢化合物，碳氢原子个数比为1∶1，对氢气的相对密度是39。因为这种物质来源于煤气，而煤气又来源于矿井和坑道，所以法拉第称这种物质为"矿坑气"。1834年，德国化学家米希尔里希将安息香酸（苯甲酸）和石灰混合进行蒸馏，也得到了法拉第蒸馏所得到的这种液体物质，测定蒸气密度和组成的结果与法拉第的基本相同。米希尔里希称它为"苯"，意为来源于"安息香"[1]。

长期接触苯会对血液系统造成极大伤害，引起神经衰弱综合征，造成慢性中毒。苯暴露会造成骨髓损害，使红细胞、白细胞、血小板数量减少，引起染色体畸变，导致白血病和再生障碍性贫血[2]。另外，苯还可以导致大量出血，抑制免疫系统的功能，使机体免疫力下降。在临床表现上，近5%的轻度中毒者无自觉症状，仅血象检查异常。重度中毒者常因感染而发热，齿龈、鼻腔、黏膜与皮下常见出血，眼底检查可见视网膜出血。

2. 案例分析

案例中的张大姐长期接触含苯液体，但是自我保护意识淡薄，不使用个人防护用品，最后造成苯中毒。因此，应当提高工人的自我保护意识，鼓励工人们积极参加职业培训，加强宣传教育。职业高危人群应做好日常防护，俗话说"刀口药再好，不如不拉口"。防治关键在于预防，切忌迫于生计，只求薪酬而忽视职业病的危害，以及超时、超强度地从事有毒有害作业。同时，工厂发放的防护用品，不要嫌麻烦而弃之不用，等到发病了，悔之晚矣。张大姐如果接受了培训学习，懂得相关防护知识和苯的毒性作用，在工作中采取必要的防护措施，就不会中毒住院。

工人们每年应定期进行体检，密切关注自身健康状况。在平时的工作中，爱护自己的生命，提高自身防护意识，警惕在平时工作中可能出现的有害效应，强化健康意识。[3]

二、抗凝血杀鼠剂

1. 案例正文

12岁的小飞放学后，飞快地冲向学校门口烤羊肉串的车摊，用零花钱买了一大把羊肉串，津津有味地吃了起来。回家后一段时间，小飞感觉到肚子不舒服，浑身没有力气，身上逐渐出现散在的瘀斑。等到晚上，小飞的鼻子、口腔、牙龈等部位开始大量出血，大便里有大量暗红色血块，小便发黑呈酱油色。很快，小飞就开始神志不清，并跌倒在地，不省人事，家人遂将其送到当地医院进行抢救。医生立即让其吸氧，监护生命体征，抽血化验。护士们发现小飞手臂上抽血的针眼不断的流血，无法止住。很快，化验间打电话过来提醒说小飞的肝肾功能、凝血功能都很差。急诊科医生立马将小飞送进了儿童重症监护室。监护室医护人员输注维生素 K_1、血浆、凝血因子Ⅱ以及保护肝脏、肾脏、胃肠道的药物。经过当地医护人员的努力，把小飞从死亡线救了下来。小飞的血标本的化验结果显示，血液有第二代抗凝血杀鼠剂——大隆，属羟基香豆素类抗凝剂，是目前毒性最大的一种抗凝血剂。

经过调查，真相大白！卖给小飞羊肉串的不良商贩为了节约成本，用抑制凝血功能的老鼠药毒死的老鼠肉冒充羊肉销售。这些老鼠肉在腌制时，加入多种色素和羊肉香精，摇身一变成为"羊肉"，很难从口感上辨别出来。由于老鼠肉里残留了大量毒鼠药，小飞在吃了大量假羊肉串之后，出现相应中毒症状。

抗凝血杀鼠剂，特别是第二代抗凝血杀鼠剂（如氟鼠灵、溴敌隆、溴鼠灵等），广泛用于农村和城市的鼠害防治。然而，抗凝血杀鼠剂中毒事件十分常见，是我国不容忽视的公共卫生问题[4]。抗凝血杀鼠剂对维生素 K-2,3-环氧化物还原酶的亲和力更强，可竞争性影响活性维生素 K 的再生，进而影响肝脏合成凝血因子（Ⅱ、Ⅶ、Ⅸ、Ⅹ），使 PT 和 APTT 延长。此外，抗凝血杀鼠剂可直接破坏毛细血管壁，引起内脏广泛性出血。同时，抗凝血杀鼠剂性质较稳定，具有高脂溶性，在体内不易分解，易在肝脏和脂肪蓄积[5]。抗凝血杀鼠剂中毒的方式常见于误服，主要集中于儿童，还有服毒自杀、投毒等。据美国毒物中心统计的数据显示，95%为误服中毒，2%～4%为服毒自杀。抗凝血杀鼠剂的暴露途径主要为消化道暴露，少量皮肤接触、呼吸道吸入[6]。

2. 案例分析

伴随我国社会经济的飞速发展和生活水平的显著提升，人们对食品安全问题越来越关注。本例中的当事人因食用了含有老鼠药的老鼠肉，被无良商家伤害。因此，加强商家及食品的安全监管是卫生管理中重要的环节。

在开展监管工作的过程中，应明确监管内容、流程及处罚标准等，通过严格的食品监督与管理降低食品安全的风险。食品监管部门应设置行业标准，严格把控市场准入，强化食品审查、监督力度，严格把控食品生产、加工及销售等各个环节。在食品安全质量监管工作中，要对食品成分进行重点检测，如出现伪劣产品，及时追溯和销毁，严厉打击食品伪劣产品[7]。古人云：民以食为天，食以安为先。作为消费者，要提高食品安全意识，外出就餐时，应选择正规的餐饮店；遇到食品安全纠纷时，消费者也应当勇敢地站出来维护自身的合法权益。

三、"重男轻女"的蚕豆病

1. 案例正文

江南民间，素有"立夏尝三鲜"的说法。其中，"地三鲜"一般指的是蚕豆、苋菜、黄瓜，但是，并非人人都能食用蚕豆[8]。2012年5月10日，出生10个月的赵某，因呕吐两个多小时，被送到某县人民医院就诊，经血液检验，医生初步诊断，赵某得了蚕豆病；当日下午3:00左右，赵某被转送至某省肿瘤医院治疗；2012年5月11日下午2:10，赵某病情加重，经抢救无效死亡[9]。

蚕豆病，在医学上被称为红细胞葡萄糖-6-磷酸脱氢酶（G-6-PD）缺乏症，是一种由于红细胞内先天缺乏 G-6-PD 这种酶而引发的遗传性疾病。G-6-PD 缺乏症分布广泛，全球约有 4 亿人罹患此病，但是，不同地区和民族间的发病率差异很大。其中，地中海沿岸、亚洲、非洲、南美洲及太平洋诸岛等热带和亚热带地区为高发地区。在我国，G-6-PD 缺乏症的分布特点为"南高北低"，广东、广西、云南、贵州、海南、四川等省地为高发区，部分人群基因携带率高达 16%，而北方地区相对较低[10]。

G-6-PD 是人体参与磷酸戊糖途径的一种关键酶，并产生 NADPH。NADPH 可以维持体内的还原物质，保护细胞及细胞膜免受氧化剂的损害。若红细胞缺乏 G-6-PD，NADPH 的生成量减少，导致还原物质 GSH 减少，从而影响红细胞膜完整性以及血红蛋白的稳定性。因此，红细胞在短期内大量破裂，进而引起急性溶血性黄疸和溶血性贫血，从而危及患者生命。

蚕豆病多由于食用蚕豆及其制品，或者吸入蚕豆花粉引起。大多数患儿在进食蚕豆数小时或数天内发病，具有起病急、潜伏期越短症状就越严重等特点。发病后短时期内即可出现溶血，并迅速出现贫血、黄疸、蛋白尿，伴随全身畏寒、发热、恶心、呕吐等症状，大量溶血时尿色呈浓茶或酱油色。目前，蚕豆病的发病机制并不十分明确，科学家们猜想是 G-6-PD 缺乏症患者在接触蚕豆某种因子后，诱发红细胞膜被氧化，进而发生溶血反应。另外，G-6-PD 缺乏症属于 X 连锁隐性遗传病，并通过 X 染色体遗传给下一代[11]。

2. 案例分析

国家相关部门倡导人们积极参与婚前检查和孕前检查具有重要意义。

蚕豆病，是一种伴性不完全显性遗传病。婚前检查和孕前检查等手段可判断夫妻双方及所育胎儿是否患有蚕豆病，为优生优育提供指导。《中华人民共和国母婴保健法》倡导人们积极参与婚前检查和孕前检查，要求有关卫生部门进行有关婚检与孕检的宣传教育，包括相关资料的发放或不同形式的推广等，从而提升婚检和孕检参与率[12]。

通过婚前检查能够全面地了解夫妻双方的健康状况,帮助受检夫妻及时处理相关问题,有利于早诊断、早治疗,从而有效避免不良后果的发生。另外,在检查出影响结婚、生育的不良因素时,检查机构应给予受检夫妻合适的卫生指导,提出适宜的建议及应对措施,帮助受检夫妻双方做出正确的决定[13]。

参考文献

[1] 史志诚. 世界毒物全史·第 1 册 [M]. 西北大学出版社,2016.

[2] 王宇华. 职业性慢性苯中毒的临床特点、治疗与转归探讨 [J]. 世界最新医学信息文摘,2017,17 (A3):103,108.

[3] 刘洁. 从一起苯中毒事件看职业病防治知识普及的极端重要性 [J]. 吉林劳动保护,2014 (7):14-15.

[4] 李明,费爱华. 抗凝血杀鼠剂中毒七例误诊剖析 [J]. 临床误诊误治,2019,32 (12):13.

[5] ANDRÉ C, GUILLAUME Y C. Anti-coagulant rodenti-cide binding properties of human serum albumin:abiochromatographic approach [J]. Journal of chromatography B-analytical technologies in the biomedical and life sciences,2004,801 (2):221-227.

[6] 王小伟,夏鹏,李红卫. 香豆素类抗凝血杀鼠剂投毒法医学鉴定分析 [J]. 中国法医学杂志,2018,33 (2):187-189,193.

[7] 许栋. 食品安全现状及食品安全检测技术分析 [J]. 食品安全导刊,2022 (10):163.

[8] 天悦. 3 岁以下孩子慎食新鲜蚕豆 [J]. 江苏卫生保健,2016 (7):46.

[9] 汪婷,沈臻懿,闵银龙. 蚕豆病医患纠纷司法鉴定典型案例评析 [J]. 医学与法学,2012,4 (6):77-79.

[10] 蒋琦. 泸州儿童 G6PD 缺乏症基因突变类型及临床特点分析 [D]. 西南医科大学,2020.

［11］邬时民. 春夏之交当心蚕豆病［J］. 健康人生，2019（5）：41-42.

［12］赵剑宏. 婚前检查与孕前检查资源整合效果探讨［J］. 基层医学论坛，2021，25（23）：26.

［13］胡娟. 优生优育中婚前检查的应用对生育缺陷、健康教育知晓率的影响［J］. 中国医学创新，2021，18（4）：166-170.

第十七章 免疫毒理学和内分泌毒理学

第一节 课程思政教学设计

一、案例教学适用范围

本案例适用于本科生"毒理学"课程中"免疫毒理学""内分泌毒理学"等相关章节的教学。

二、课程教学目标

1. 知识目标

（1）掌握化学物对内分泌腺（甲状腺）的毒作用特点和损害机制、化学物对免疫系统的毒作用和损害机制、环境内分泌干扰物的概念。

（2）熟悉内分泌系统的组成与功能、免疫系统的组成与功能、免疫反应和免疫紊乱的类型。

（3）了解内分泌毒性作用检测方法、化学物免疫毒性作用检测方法和评价。

2. 能力目标

（1）掌握化学物对内分泌腺和免疫系统的毒作用机制和特点。

（2）掌握检测内分泌毒性和免疫毒性作用检测方法。

3. 价值目标

（1）通过案例教学，培养学生的辩证思维，树立诚信、敬畏生命的世界观。

（2）通过案例教学，培养学生的爱国情怀和社会责任感，掌握防治知识，做好科普宣传。

三、教学方法

本章课程教学适宜在已经成熟的教学模式中以案例方式融入思政相关问题。授课时，可充分结合教师讲授和小组案例讨论等形式。教师提出问题，将课程教学的知识目标、能力目标和价值目标融入案例讨论。

第二节　课程思政案例及分析

一、塑化剂风波

1. 案例正文

2011年5—6月，中国台湾地区的200多家企业近千种食品被检测出邻苯二甲酸酯类物质DEHP[1]。其实，早在4月份，台湾卫生部门就发现益生菌食品中的DEHP含量超标。追查之下，发现DEHP来源是一家食品原料企业供给的起云剂。起云剂属于食品添加剂，也称为乳化香精，一般用在橙汁饮料等产品中，目的是增加饮料浊度和稳定性。昱伸和宾汉香料公司为了降低成本，用塑化剂替代棕榈油生产起云剂，以牟取暴利。令人震惊的是，该公司使用含塑化剂的起云剂配方长达30年。塑化剂，是一种增加材料的柔软性等特性的添加剂，也称增塑剂或可塑剂，仅用于工业生产。DEHP具有脂溶性，可在体内长期蓄积，具有雌性激素样作用，属于典型的环境内分泌干扰物。

成人暴露主要表现为明显的内分泌毒性，例如男性精子数量减少及活性降低，女性发生月经紊乱和自然流产。长期摄入 DEHP 还会增加心血管疾病的发病风险，并会遗传给下一代。随着调查深入，发现台湾的饮料、食品、药品、化妆品等行业都存在塑化剂污染。然而，问题产品不仅波及运动饮料、水果饮料、茶饮料，连水果糖浆、儿童钙片、乳酸菌咀嚼片也在名单上。"塑化剂风波"蔓延到中国内地，引发大家对食品安全的恐慌。2011 年 6 月 1 日，国家卫生部发布紧急公告，将 17 种邻苯二甲酸酯类物质列入《食品中可能违法添加的非食用物质和易滥用的食品添加剂名单（第六批）》，同时在全国范围启动塑化剂检测[2]。

2. 案例分析

历史经验表明，成功的企业都有着相同的特点。其中，坚持把产品质量上升到人品和道德高度，承担更多的社会责任，是现代企业家精神的重要内涵。将质量等同于道德，是企业取得成功的关键，违背商业诚信和职业道德行为的结局是搬起石头砸自己的脚[3]。因此，企业要做大做强就要尽到应有的社会责任，努力提升产品质量和职业道德。质量强则国家兴，一个不重视质量的民族，是没有希望的民族。"心正则事正，源清则流清。"只有恪守最基本的诚信美德和职业道德，产品质量才能得到切实保证，国家才会富强。

由于塑料产品的普遍使用，塑化剂 DEHP 在环境中广泛存在，想要完全避免塑化剂是几乎不可能的。然而，塑化剂的微量摄入对人体健康并没有明显影响。世界卫生组织规定 DEHP 的每日耐受摄入量为 0.025 mg/kg。因此，不必谈"塑"色变。考虑到塑化剂进入人体的最主要途径是食物摄入，我们可以通过改变生活习惯，不吃或少吃一次性塑料餐盒打包的外卖，或改用不锈钢、玻璃及陶瓷等食物容器，都可以减少与邻苯二甲酸酯接触，有效预防塑化剂对人体的健康危害。

二、乌克兰总统尤先科被投毒二噁英毁容事件

1. 案例正文

2004年12月，乌克兰大选如火如荼地进行着，反对派领导人维克托·尤先科却因为容貌剧变而成为新闻焦点。事件起因是尤先科和国家安全局负责人聚餐回家后，感觉嘴里有"金属"味，随后出现头和内脏的剧烈疼痛，疑遭人投毒。检查发现尤先科血液中二噁英的含量超过正常值的1000倍，但并没有充分证据表明国家安全局和这次中毒事件有关[4]。二噁英是一类三环芳香族有机化合物的统称，主要是2，3，7，8-四氯二苯并二噁英（TCDD）。二噁英毒性很大，比氰化钾还要强100多倍，0.1克二噁英就足以致数十人死亡或杀死上千只禽类。较大剂量的二噁英可对眼、鼻等黏膜产生严重的刺激作用，引起视物模糊，肌肉、关节疼痛，恶心、呕吐等，并能作用于皮肤，导致严重的"氯痤疮样"皮肤改变[5,6]。中毒后，尤先科的脸部皮肤变得"千疮百孔"，前后接受了24次大手术以减轻体内二噁英的含量。

2. 案例分析

善恶在人的一念之间，"友善"应该根深蒂固地培育于心。化学物在居心不正的人手中会变成危害生命安全的武器，在良医手中则是济世良药[7]。医学生是未来医疗工作者的主体，肩负"健康相托、性命所系"的神圣使命。因此，必须重视对医学生的人生观、世界观、价值观的教育，树立友善的价值观，加强人文关怀教育，在实践中树立高尚医德。友善的价值观能改变医学生与他人相处的态度和处理方式，并作为润滑剂构筑良好的医患关系。此外，做人不能追求自我利益最大化，应学会宽容和友爱，懂得换位思考，理性处理人际关系，建立和谐的医患关系，更好地做好本职工作。

三、DDT 的兴衰史

1. 案例正文

化学家波尔·赫尔曼·米勒致力于研制化学灭虫药，终于在1939年9月成功合成了DDT，对苍蝇、葡萄害虫和马铃薯甲虫具有很强的杀灭效果，并能持续数日。更重要的是，当时人们认为，DDT对人畜无害、无异味，是一种理想的杀虫剂。因生产过程简单且成本低廉，DDT在1940年正式投产。其实早在1874年，德国化学家齐德勒曾发现三氯乙醛和氯苯在硫酸的作用下可生成DDT，但并不清楚DDT的功效，没有深入研究。1940—1941年，DDT有效防治了瑞士的马铃薯甲虫危害，还作为灭杀苍蝇的特效药使用。二战期间，盟军在进驻意大利那不勒斯城，通过喷洒DDT溶剂遏制了猖獗一时的流行性斑疹伤寒。后来，南太平洋上出现成群结队的疟蚊，DDT迅速地遏制了疫情的蔓延。因此，DDT在防治虫媒传播疾病和植物虫害方面发挥着巨大作用。1948年，米勒也因此获得了诺贝尔医学奖[8]。

1962年，美国作家雷切尔·卡林出版了《寂静的春天》，第一次系统地披露了人们滥用DDT等有机氯杀虫剂造成的环境污染、生态破坏的事实，触目惊心，强烈地震撼了整个社会，自此人们开始高度关注化学农药的危害。20世纪60年代末期，研究报道几乎地球上的生物体内都有DDT残留，甚至是生活在南极的企鹅和海豹的体内也检测到DDT。DDT不易被降解，通过食物链进入人体，且难以通过新陈代谢排出体外，长期蓄积在脂肪组织中，影响人体健康。美国科学家研究了20世纪60年代出生的2380多个婴儿，发现其中221个婴儿体重较同龄的正常婴儿低，且体重较轻婴儿的母亲体内DDE（DDT代谢产物）的含量比正常婴儿的母亲高。此外，研究发现DDT污染食物可引起人体消化功能紊乱，并严重损害肝脏和神经系统，诱发肿瘤并有致畸性。1970年，瑞典、美国、加拿大已停止生产和使用DDT，其他国家紧跟其后。我国从1983年开始禁用DDT[9]。

20世纪80年代初，世界卫生组织叫停了DDT的"室内滞留喷洒"。然而，疟疾目前仍然是发展中国家最主要的疾病与死因，DDT禁用后不久，非洲每年有5亿多人感染疟疾，100多万人死亡，每天都会有3000个婴幼儿死于疟疾。由于疟原虫对氯奎宁等治疗药物产生抗药性，世界卫生组织在2006年提倡重新使用DDT抗击疟疾[9]。

2. 案例分析

持久性有机污染物不宜降解、危害大，威胁着生态环境和人类健康。人们应当加强环保意识，树立和践行"绿水青山就是金山银山"的理念，坚持节约资源和保护环境的基本国策，为国家的可持续发展贡献力量。

任何事物都作为矛盾统一体而存在，具有两面性，在对立统一中求发展，只看见事物的一面而忽视另一面是偏颇的。从人类利益角度出发，DDT的高效灭虫是利，损害人体健康和破坏生态是害。生物都有趋利避害的本能，但是我们既不应该因其对人类的益处而大肆使用，也不应该因为其害处而全盘否定，应权衡利弊做出合理选择。事物是在矛盾运动中不断发展变化的，人们对一种事物的认识过程也不是一蹴而就的，因此要求我们用发展的眼光看待问题。医学生们应当把握事物发展规律，珍惜青春，磨炼专业本领，以人为本，树立全面协调可持续的科学发展观，用科技助力国家伟大复兴的实现[10]。

四、鸡血疗法

今天，人们会用"打了鸡血"形容一个人情绪亢奋，而"打鸡血"是文化大革命期间一种风靡全国的保健疗法。1952年，民间科学爱好者俞昌时提出了"鸡血疗法"[11]，号称可以包治百病、强身健体、返老还童。所谓"鸡血疗法"，就是把新鲜鸡血（白色公鸡最佳），注射到人的肌肉中（一说静脉注射）。人们趋之若鹜，纷纷拎着大公鸡到医务所排队打鸡血，据说打过鸡血的人精神奕奕、面色红润。这种看似荒诞的保健疗法大受关注，上海市还组织专家对该疗法的有效性和安全性进行了动物实验验证，并为"鸡血疗法"开创了专刊。"鸡血疗法"的确对一些慢性病有效，但疗效有限，还有人出现了不同程度的过敏反应,甚至发生过敏性休克,因此鸡血疗法的狂热渐渐消退。俞昌时从此销声匿迹,成为大家饭后茶余闲谈的笑料。

2. 案例分析

"鸡血疗法"风波再一次提醒我们,从事科学研究必须要遵循科学规律,思考问题必须遵守逻辑法则,应心怀敬畏、秉承实事求是的态度、遵循基本规律。俞昌时没有接受过良好医学教育,也没有接受过系统的医药科研培训。他的偏执、主观臆断导致了这场鸡血闹剧的上演,也用血淋淋的事实告诉我们,想当然的道路是走不通的,应当秉承"以人为本"的发展理念,以科学发展观武装头脑,脚踏实地地走科学道路。

参考文献

[1] 丹丹. 台湾塑化剂事件 [J]. 防灾博览, 2011 (3): 27.

[2] 沈培奇. 有关"塑化剂事件"的分析探讨 [J]. 北京农业, 2012 (30): 83.

[3] 周晓宜. 由"塑化剂"事件看食品企业的社会责任意识: 基于道德价值观视角的分析 [J]. 北京市经济管理干部学院学报, 2012, 27 (1): 70 - 73.

[4] 周蕊. 从尤先科中毒谈二噁英污染 [J]. 开卷有益 (求医问药), 2005 (2): 4 - 5.

[5] 金东航. 从二噁英事件谈二噁英之害与预防 [J]. 畜禽业, 2000 (2): 6 - 7. DOI: 10.19567/j.cnki.1008 - 0414.2000.02.001.

[6] 蒋可. 二噁英毒性及污染 [J]. 中国环保产业, 1999 (5): 20 - 22.

[7] 赵玲俐, 王取南, 高蓝, 等. 运用经典案例加强社会主义核心价值观教育: 以毒理学教学为例 [J]. 医学教育管理, 2021, 7 (2): 164 - 168.

[8] 周敬国. DDT: 功过铭刻在历史墓碑上 [J]. 科学24小

时，2007（1）：41-43.

［9］小领. 滴滴涕（DDT）兴衰史［J］. 世界发明，2002（11）：42.

［10］中国科学院编. 中国学科发展战略：免疫学［M］. 北京：科学出版社，2016.

第十八章　生殖毒理学

第一节　课程思政教学设计

一、案例教学适用范围

本案例适用于本科生和研究生"毒理学基础""毒理学研究方法与技术"等课程中"生殖毒理学"相关章节的教学。

二、课程教学目标

（1）通过该章节的学习，使学生掌握生殖毒性、内分泌干扰物等基本概念，熟悉有害因素的生殖毒性与作用机制，了解生殖毒性研究与评价方法。

（2）通过小组案例讨论的教学活动，增强学生的学习兴趣，提高社会实践的积极性，增强团队协调能力，提高学生的语言表现力和领导能力。

（3）通过反应停事件，让学生认识到开展生殖毒性研究与评价的必要性、科学性和严谨性。通过前文的凯尔西的案例，引导学生提高专业素养、加强专业自信，并激发其保持高度的社会责任感，从而达到"立德树人"的培养目标。

三、教学方法

本课程可采用翻转课堂教学方式授课。教师预先给予"反应停"事件的历史案例资料，让学生在课前进行预习和分组讨论。课堂上，教师结合以上教学目标进行理论课讲授，并通过"教师提问—学生讨论、回答—教师总结"的方式完成相关内容的学习，达成教学目标。

第二节 课程思政案例及分析

我国出生缺陷现状及预防策略

1. 案例正文

出生缺陷，是目前人类面临的全球性公共卫生问题，可导致流产、死胎、残疾胎儿等，严重影响人口素质。世界卫生组织2020年报告显示，每年全球出生缺陷儿约占婴儿的3%，造成约320万新生儿身体残疾、约270万新生儿死亡。我国出生缺陷情况不容乐观，出生缺陷率高达5.6%[1]。为有效降低出生缺陷率，我国相继颁布了国家级、省级出生缺陷防治规范性指导文件、方案及规范，努力推行三级预防策略[2]，并将每年9月12日设为预防出生缺陷日。经过卫生部门和计生部门等的不懈努力，相关工作机制逐步建立，出生缺陷防控体系自上而下得到不断完善，预防措施得到有效落实，预防效果显著提升。2019年，我国制定了《健康中国行动（2019—2030年）》，围绕"疾病预防"和"健康促进"两大核心，计划开展一系列有针对性的重大专项行动，包括妇幼健康促进行动，并强调要针对婚前和孕前、孕期、新生儿和儿童早期各阶段分别给出妇幼健康促进建议。

2. 案例分析

通过案例讲解，让学生了解我国目前出生缺陷现状。作为未来公卫人的医学生，要立志改善现状、扭转局面。结合《健康中国行动（2019—2030年）》和三级预防策略的介绍，引导学生要注重知识转化，并激发他们对专业的热爱。此外，倡导青年学生们积极响应国家政策，主动掌握健康生育相关知识，优生优育。

参考文献

［1］李影子，华俊杰，宁佩珊，等. 我国出生缺陷防治规范化评价指标体系的研制［J］. 实用预防医学，2022，29（10）：1267－1270.

［2］国家卫生计生委办公室. 全国出生缺陷综合防治方案［Z］. 2018－08－20.

［3］广东省卫生和计划生育委员会. 广东省出生缺陷综合防控项目管理方案（2018—2020年）［Z］. 2018－05－21.

第十九章 神经行为毒理学

第一节 课程思政教学设计

一、案例教学适用范围

本案例适用于本科生"卫生毒理学"课程中"神经与行为毒理学"相关章节的教学。

二、课程教学目标

1. 知识目标
（1）了解与毒理学相关的神经系统解剖学、生理学特点。
（2）掌握神经、行为毒理学定义，化学物对神经系统损害的类型，神经系统损伤的特点及其影响因素。
2. 能力目标
（1）能够了解日常生活中常见的神经毒性物质及可能的中毒症状。
（2）利用所学知识引导家人和朋友树立科学、正确的毒理学观念，减少具有神经毒性的化学物质的接触及摄入，建立健康的生活习惯。
3. 价值目标
重视神经毒理学在生活中及疾病预防控制中的意义。

三、教学方法

结合《"健康中国 2030"规划纲要》和《健康中国行动（2019—2030 年）》及十四五规划大背景，利用日本水俣病、鸦片战争等历史事件，引出学生对外源化学物引起的神经毒性效应及健康损伤的思考与讨论，激发学生的学习与爱国热情。通过讲解煤气自杀、一氧化碳中毒等案例，引发学生对生命的思考，珍爱生命、关心他人；加强学生们关于公共危害事件的法律意识，认识日常生活中的神经毒性物质及其毒性效应。教具主要包括视频资料及 ppt。

第二节 课程思政案例及分析

一、日本水俣病事件

1. 案例正文

日本熊本县水俣镇，是水俣湾东部的一个小镇，海产丰富。1925 年始，日本在水俣镇建设氮肥厂、合成醋酸厂、氯乙烯厂、石油化工厂等，并向水俣湾排放大量未经处理的工业废水。1953 年，一种名为"猫舞蹈病"的奇怪疾病开始在水俣湾附近的猫中传播。患有此病的猫，会表现出步态不稳、抽搐、瘫痪，甚至跳海等异常行为，被称为"自杀猫"[1,2]。随后，类似的病症出现在人身上。这种奇怪的疾病，就是后来震惊世界的"水俣病"。截至 2000 年，受影响的患者人数已达到 2264 人[4]。此外，据估计，至少有 20 万例甲基汞中毒疑似病例。

水俣病是最早出现的由于工业废水排放污染造成的公害病。经研究发现，罹患这种"猫舞蹈病"的原因，是甲基汞暴露[4]。水俣湾沿岸建立的工厂主要生产氯乙烯和醋酸乙烯等氮肥，由于生产技术不够成熟，在此类氮肥的生产过程中需要使用大量的含汞催化剂，导致排放入水俣湾的废水中含大量汞。排放入水的汞一部分沉积在水底淤泥中，一部分被水中的植物或鱼虾等动物吸收，另一部分可经微生物作用转化为甲基汞（CH_3Hg）。由于长年排放含汞废水，水俣湾附近海域被严重污染，附近海域的海产品体内含有大量甲基汞，经海洋生物食物链的生物富集作用，甲基汞的浓度甚至可升高1万～10万倍。而水俣湾附近居民由于食用被污染的鱼虾、贝类等水生生物，造成大量居民中枢神经中毒，死亡率甚至高达38%。

脑是甲基汞的主要靶器官，多经消化道摄入甲基汞而中毒。甲基汞中毒分为急性甲基汞中毒和慢性甲基汞中毒。成人急性甲基汞中毒表现为：视力模糊、听力障碍、嗅觉和味觉障碍、共济失调步态、手部笨拙、构音障碍以及躯体感觉和精神疾病。孕期暴露于甲基汞可引起婴幼儿得大脑皮层广泛海绵状增多症[5]，精神和运动发育严重紊乱，在咀嚼、吞咽、语言、步态及不自主运动方面均有影响，这些行为特征与大脑弥漫性损伤有关[3,4]。婴儿出生后不久即可出现不同程度的瘫痪和智力障碍，轻者表现为生长缓慢，约半数严重病例在发病3个月内死亡。慢性甲基汞中毒患者主要有躯体感觉障碍，当使用画笔和针刺等常规感官测试检查慢性中毒患者时，他们表示远端四肢的感觉减少，即所谓的"丝袜-手套"样感觉缺失，这是周围神经病变的特征[5]。因此，甲基汞被认为具有高神经毒性，尤其是对发育中的大脑。

水俣湾附近居民的健康和家庭幸福受到水俣病的严重危害。更可悲的是，由于水俣湾遭受污染，当地的渔业遭受了巨大冲击，当地渔民失去了生活来源，许多家庭陷入贫困。因此，水俣病成为世界上八大公害事件之一。

2. 案例分析

以水俣病为例，让学生了解包括重金属在内的多种神经毒物及分类，了解外源化合物引起神经毒性的有害效应，引起的健康和社会危害。"绿水青山就是金山银山。"保护生态环境就是保护生产力，改善生态环境就是发展生产力。我们要摒弃损害甚至破坏生态环境的发

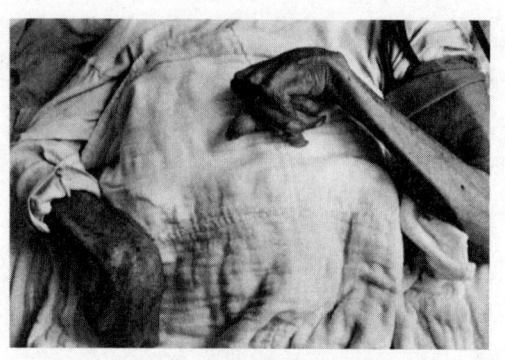

图19-1 患水俣病的病人

展模式，摒弃以牺牲环境换取一时发展的短视做法，让良好生态环境成为全球经济社会可持续发展的支撑。随着我国工业和经济的发展，大量的工业废弃物排放至环境当中，造成极大的环境破坏和经济损失。因此，应当结合当前的国家环境保护政策，让学生体会毒理学为环境保护政策制定提供科学依据的重要性，预防化学物引起的人体健康危害，保护环境，培养环保意识。从化学物引起环境污染并引起有害毒效应的角度出发，保护环境，就是在保护自己和身边的人，让学生认识到，"小我"与国家社会的共存关系，培养家国情怀。

二、一氧化碳中毒

1. 案例正文

1998年11月，在香港发生的一起妇女自杀事件被认为是世界上第一例烧炭自杀案。在这之后，由于亚洲金融风暴导致香港经济迅速衰退，在这段时间里自杀人数急剧上升。

一氧化碳是一种无色、无味、无刺激性的气体，当含碳物质燃烧不完全时可产生一氧化碳，短时间内吸入高浓度的一氧化碳或一氧化碳浓度虽低但吸入时间较长，均可造成急性一氧化碳中毒，又称煤气中毒[6]。一氧化碳中毒多发生在冬天，人们在密闭或通风不良的环境下淋浴或烤火时发生。一氧化碳对血红蛋白的亲和力大大高于氧气与血红蛋白的亲和力，约为氧气的240倍，而碳氧血红蛋白的解离速度与氧合血红蛋白解离速度相比慢3600倍，所以碳氧血红蛋白极易在体内蓄积。碳氧血红蛋白不能携氧，并且还影响氧合血红蛋白的正常解离，从而导致机体急性缺氧。在我国，急性一氧化碳中毒是十分常见的意外事故性疾病，据中国疾病预防控制中心统计，我国每年大约有6000人发生急性一氧化碳中毒，每年约200人死于一氧化碳中毒，对我国人民造成了极大的经济与心理负担。

急性一氧化碳中毒迟发性脑病（DEACMP）是一氧化碳中毒后最严重的并发症。一氧化碳中毒后经治疗，部分患者意识有所恢复，但约1/3急性一氧化碳中毒存活患者经过2～60天不等的"假愈期"后逐渐发展为DEACMP，表现出以认知、记忆功能障碍等为主的神经精神症状[7]。DEACMP的发病率很高，约50%的急性一氧化碳中毒患者受其影响[8]。在临床实践中，DEACMP的疗效较差，死亡率和致残率较高[9]。因此，阐明一氧化碳中毒迟发性脑病发病机制，为后续提供有效的防治措施至关重要。

关于一氧化碳中毒迟发性脑病的发生机制有以下几种：

（1）缺血缺氧。

缺血缺氧机制在一氧化碳中毒迟发性脑病中，占主要地位。脑对缺氧十分敏感，在严重缺氧的情况下，脑组织和脑细胞可发生严重的缺氧缺血性损伤，并导致中枢神经系统功能障碍，其机制可能是缺氧引起能量代谢障碍，造成ATP生成减少、钠泵失能、细胞水肿[10]。急性一氧化碳中毒大鼠脑部的病理学检查已证实有显著的缺血缺氧性变化[7]。

（2）再灌注损伤和自由基增多。

一氧化碳中毒迟发性脑病的某些病理生理变化和缺血再灌注损伤十分类似。在缺血再灌注损伤后产生的大量自由基是导致细胞损伤的重要原因。而神经细胞富含多价不饱和脂肪酸，容易受自由基攻击，但该机制难以解释一氧化碳中毒迟发性脑病"假愈期"的存在[11]。

（3）兴奋性氨基酸和细胞凋亡。

在急性一氧化碳中毒后，脑中谷氨酸的释放量明显增加。谷氨酸是兴奋性氨基酸，谷氨酸的大量释放与一氧化碳中毒介导的神经毒性以及迟发性神经元死亡密切相关[10]。

实验发现，在急性一氧化碳中毒后，脑部有大量细胞凋亡，在重度中毒后的第三天尤为明显。当脑部凋亡细胞达到一定峰值后便会发生迟发性脑病。细胞凋亡的部位主要发生在大脑皮质、纹状体以及海马体[12]，晚期影像学显示弥漫性脑萎缩[13]。

（4）免疫功能异常和神经递质紊乱。

随着研究的深入，人们发现免疫功能异常可能在 DEACMP 的发病中发挥重要作用。动物实验发现，在急性一氧化碳中毒后中性粒细胞激活，氧化应激引起过氧化物酶释放；大鼠在一氧化碳中毒后还可通过级联免疫反应引起脂质过氧化，这些都是免疫介导的病理异常[14]。临床研究表明，IL-2、IL-4、IL-6、IL-10 以及 C 反应蛋白等炎症因子及免疫蛋白等均在一氧化碳中毒患者外周血中有显著变化，提示免疫功能异常在一氧化碳中毒中起重要调控作用。此外，对一氧化碳中毒患者治疗前后脑脊液和血液的检测发现 5-羟色胺、乙酰胆碱、多巴胺等神经递质含量有显著变化，提示神经递质紊乱可能与一氧化碳中毒迟发性脑病有关[15]。

（5）NOS-NO。

NO 是一种新的自由基和神经递质，一氧化氮合酶（nitric oxide synthase，NO）是体内生物合成的主要限速酶，有神经型（nNOS）、内皮型（eNOS）和诱导型（iNOS）3 种。在生理状态下 nNOS 和 eNOS 即有表达，内毒素、IL-1 等可诱导 iNOS 的产生，iNOS 可持续合成高浓度 NO，引起线粒体功能障碍、激活巨噬细胞诱导神经损伤[16]。

2. 案例分析

一氧化碳中毒俗称"煤气中毒"，是我国经常发生的意外事故性疾病，严重威胁到百姓的生命及财产安全。因此，了解如何预防煤气中毒是非常重要的事情。

（1）保持室内良好通风。要注意保持室内良好通风状态，要留有通风口或安装排风扇。

（2）注意热水器、煤气等的正确使用方法及保养，切忌在密闭的环境中使用煤、木炭等。

（3）选购蜂窝煤时要注意选择优质的煤球，优质的煤球色呈蓝，而劣质煤球色泽发黑。

（4）睡前应该检查煤炉盖是否盖紧或煤气是否关闭等。

围绕一氧化碳中毒案例，讲述外源化学物引起神经毒性的机制，设置讨论题目，让学生了解中毒机制的重要性，掌握识别神经毒性物质和救治措施的相关知识。通过案例讨论，向学生强调珍爱生命，加强法律意识。

三、鸦片对人体的荼毒

1. 案例正文

鸦片战争，是指1840—1842年英国对中国发动的一次侵略战争。它的爆发，标志着中国近代史的开始，中国从此进入了半殖民地半封建社会。当时的英、法等资本主义国家已经完成或正在进行工业革命，资本主义得以迅速发展。

为了掠夺中国巨大的商品市场，英国资产阶级把鸦片作为打开中国大门的重要手段。为了抵御鸦片对中国的荼毒，清政府做出了一系列禁烟活动。历史上著名的"虎门销烟"，就是林则徐奉命禁烟，以此与英国作斗争。为了保护罪恶的鸦片贸易，英国公然对中国先后发动两次鸦片战争。

为什么清政府要禁烟，林则徐会销烟呢？

第一，鸦片的输入导致清朝的经济面临崩溃，大量白银外流，严重影响清朝的国库以及货币流通，影响清政府的统治。第二，罪恶的鸦片之所以遭到清政府的反抗以及许多国内外民众的抵制，最重要的是鸦片极大地摧残吸食者的身心健康。农民吸食鸦片后，无心耕种；士兵吸食鸦片后，无心操练；官员吸食鸦片后，会想着捞钱吸食更多的鸦片，政府会愈加腐败。没钱买鸦片的人会去盗窃、抢劫，甚至逼良为娼。林则徐指出："数十年后中国将无可以御敌之兵，且无可以充饷之银。"

鸦片对人体造成危害的主要成分是什么？对人体健康有怎样的危害？

鸦片是由罂粟未成熟的果实制成的，这种果实割破后流出的乳白色汁水即为生产鸦片的原料，该汁水由生物碱、糖、蛋白质、类脂化合物及水等成分所组成。鸦片的主要药理作用、成瘾以及戒断反应等都是由鸦片中的生物碱——"吗啡"引起的。

鸦片最开始主要为药用，因其具有良好的止痛效果而得到广泛应用，但其毒副作用较大、成瘾性极强，长期使用会对人体造成极大的伤害。

鸦片对人体的中枢神经具有麻醉作用，连续服用后人们会产生生理和心理性的依赖。当人们服食鸦片类毒品后，毒品会刺激大脑，产生二羟基苯基丙氨酸与内啡肽，这两种物质可以使吸食者产生莫大的快乐满足感和极强的快感。但是，当鸦片的药力消失后，体内便会严重缺乏二羟基苯基丙氨酸与内啡肽，使吸食者产生极强的不适，感到痛苦，急需再次吸食鸦片。如此循环往复，对人体的神经系统、循环系统等造成严重的损害，甚至死亡[19]。

图19-2　晚清时期吸食鸦片的人

2. 案例分析

毒品的使用会对牺牲吸食者的健康和生命造成严重伤害，是当今社会的"毒瘤"。毒品引发大量违法犯罪行为，及艾滋病等多种疾病的扩散流行，不仅影响民生，也损害社会的安定和发展。

当代大学生肩负着社会主义建设的新使命，对于预防医学的学生来说，需要从专业的角度去解析毒品的危害，加强三级预防和宣传教育，抵制毒品。

参考文献

［1］BURKI T K. Chernobyl's tomb［J］. Lancet oncology, 2017, 18（6）: 718.

［2］BONTE F J. Chernobyl retrospective［J］. Seminars in nuclear medicine, 1988, 18（1）: 16 – 24.

［3］PEPLOW M. Chernobyl's legacy［J］. Nature, 2011, 471（7340）: 562 – 565.

［4］NINOMIYA T, IMAMURA K, KUWAHATA M, et al. Reappraisal of somatosensory disorders in methylmercury poisoning［J］. Newotoxicdogy and teratology, 2005, 27（4）: 643 – 53.

［5］CLARKSON T W, MAGOS L. The toxicology of mercury and its chemical compounds［J］. Critical reviews in toxicology, 2006, 36（8）: 609 – 62.

［3］TAKEUCHI T. Pathology of Minamata Disease, In: Study Group of Minamata Disease, editor. Minamata Disease［J］. Kumamoto: Kumamoto University, 1968: 141 – 228.

［4］HARADA Y. Congenital (or Fetal) Minamata Disease, In: Study Group of Minamata Disease, editor. Minamata Disease［J］. Kumamoto: Kumamoto University, 1968: 93 – 117.

［5］NINOMIYA J, IMAMURA K, KUWAHATA M, et al. Reappraisal of somatosensory disorders in methylmercury poisoning［J］. Neurotoxicology and teratology, 2005, 27（4）: 643 – 653.

［6］买买提里. 肉孜, 陈薇. 急性一氧化碳中毒诊断与治疗［J］. 新疆医学, 2009, 38（6）: 66 – 68.

［7］刘小慧, 王宝军. 急性一氧化碳中毒迟发性脑病发病机制

中相关通路的研究进展［J］. 现代医学与健康研究电子杂志，2021，5（2）：117-119.

［8］HUANG Y Q, PENG Z R, HUANG F L, et al. Mechanism of delayed encephalopathy after acute carbon monoxide poisoning［J］. Neural regeneration research, 2020, 15（12）：2286-2295.

［9］胡华，潘旭，万勇，等. 影响急性一氧化碳中毒后迟发性脑病患者预后的因素［J］. 郑州大学学报，2011，29：261-264.

［10］吴跃春，张梅杰. 急性一氧化碳中毒迟发性脑病发病机制及防治进展［J］. 安徽医学，2013，34（12）：1893-1895.

［11］GORMAN D, DREWRY A, HUANG Y L. The clinical toxicology of carbonmonoxide［J］. Toxicology, 2003, 187（1）：25-38.

［12］刘颖菊，杨俊卿，周歧新等. 急性一氧化碳中毒致脑细胞凋亡及相关基因表达［J］. 工业卫生与职业病，2000，26（5）：257-260.

［13］LIM P J, SHIKHARE S N, PEH W C. Clinics in diagnostic imaging（154）：carbon monoxide（CO）poisoning［J］. Singapore medical journal, 2014, 55：405-409, 410.

［14］THOM S R, BHOPALE V M, HAN S T, et al. Intravascular neutrophil activation due to carbon monoxide poisoning［J］. American journal of respiratory and critical care medicine, 2006, 174（11）：1239-1248.

［15］顾仁骏，张秀明，尹景岗. 5-羟色胺、乙酰胆碱和多巴胺测定在急性一氧化碳中毒后迟发性脑病中的意义［J］. 中华神经科杂志，1999，32（3）：191.

［16］BREDT D S, SNYDER S H. Nitric oxide, a novel neuronal messenger［J］. Neuron, 1992, 8（1）：3-11.

［17］张奕雯，李经伦. HO-1在急性一氧化碳中毒后迟发性脑病发病机制中的作用研究进展［J］. 西南军医，2015，17（5）：543-546.

［18］赵林岩，李芳，王苏平，等. 一氧化碳中毒迟发性脑病小

鼠脑 HO-1 表达变化及其与细胞凋亡的关系［J］．中国临床解剖学杂志，2014，32（6）：711-715．

［19］王文刚，常存库．医学视角下的鸦片问题［J］．中国社会医学杂志，2008，25（1）：52-53．

第二十章 呼吸毒理学

第一节 课程思政教学设计

一、案例教学适用范围

本案例适用于本科生"毒理学"课程中"呼吸毒理学"等相关章节的教学。

二、课程教学目标

1. 知识目标
（1）熟悉外源化学物对呼吸系统的损害作用。
（2）了解肺损伤机制和呼吸毒理学研究方法。
2. 能力目标
培养学生的毒理学思维方法，让学生了解毒物对呼吸系统的作用和对其中的内在机制有深入的认识。
3. 价值目标
（1）通过案例教学，培养环保意识，树立正确的世界观、发展观。
（2）通过案例教学，激发学生的想象创新精神，培养学生爱国情怀和社会责任感。

三、教学方法

本章课程教学适宜在已经成熟的教学模式中以案例方式融入思政相关问题，授课可充分结合教师讲授和小组案例讨论等授课形式。教师提出问题，将课程教学的知识目标、能力目标和价值目标融入案例讨论。

第二节 课程思政案例及分析

一、烟雾事件

1. 案例正文

（1）伦敦烟雾事件发生在1952年12月5～9日，是20世纪十大环境公害事件之一。元凶是冬季煤炭燃烧与工业排放，帮凶是逆温现象。在这次事件中，英国大概有12000人因空气污染而死亡，很多受害者患了支气管炎、气喘及其他肺部疾病。

（2）美国光化学烟雾事件是工业排放、汽车尾气等造成严重的大气污染。20世纪中期，洛杉矶一带的大气臭氧浓度很高，光化学烟雾问题非常突出。1952年和1955年两次烟雾事件造成短短数日内几百位老人死亡。

（3）日本四日市哮喘事件。四日市石油工业非常发达，因石油冶炼、工业燃油导致整个城市烟雾弥漫，且烟雾中含有多种有毒气体与重金属粉尘，和支气管炎、支气管哮喘以及肺气肿等多种呼吸道疾病发生相关。1961年，四日市的哮喘病高发，到1972年，日本全国患四日市哮喘病的患者已多达6376人[1]。

改革开放早期的粗放式的经济发展模式导致我国能源资源的大量消耗，由于工业生产、环境开发、人类活动、自然因素等影响，我国面临日益严峻的大气环境污染问题[2]。2022年国家癌症中心发布了中国最新癌症报告，肺癌的发病率和死亡率均位居第一，特别是出现了多个"癌症村""癌症镇"[3]。习近平主席在第75届联合国大会指出，"中国将提高国家自主贡献力度，采取更加有力的政策和措施，二氧化碳排放力争于2030年前达到峰值，努力争取2060年前实现碳中和。各国要树立创新、协调、绿色、开放、共享的新发展理念，抓住新一轮科技革命和产业变革的历史性机遇，推动疫情后世界经济'绿色复苏'，汇聚起可持续发展的强大合力"[4]。经过党和政府的努力，2020年全国地级及以上城市优良天数比例达到了87%，比2015年增长了5.8个百分点，超过"十三五"目标2.5个百分点。细颗粒物未达标地级及以上城市平均浓度达到了37 μg/m³，比2015年下降了28.8%，也超过"十三五"目标10.8个百分点。党的十九大提出分阶段的生态环境改善目标，要求2020—2035年生态环境根本好转，美丽中国目标基本实现，2035—2050年生态文明将全面提升[5]。

2．案例分析

人与自然是生命共同体，人类必须尊重自然和保护自然。"绿水青山就是金山银山"，不但揭示了生态环境对于经济发展的关键作用，也折射出人与自然和谐统一的重要性。保护生态，就是保护人民群众的美好生活，也是保证中华民族的持续性发展，这是人与自然关系正确的和解方式。保护环境不光是政府和企业的责任，我们每个人都应该参与其中。大学生是国家的储备力量，是国家和人民的希望与未来，应该发挥大学生先进群体的积极作用，响应党和国家的号召，学习、践行绿色经济理念，培养节能环保意识，为生态文明建设做出贡献。

二、芥子气——Every coin has two sides

1．案例正文

芥子气属于硫芥类化合物，首次作为化学武器使用是在第一次世界大战中，因使用量大、杀伤力强，又被称作"毒气之王"。在伊普雷战役中，德军向敌方阵地倾倒了100多万发芥子气炮弹，共2500

吨毒剂，结果导致 14000 余人中毒、500 多人死亡，扭转了战争形势。据统计，在第一次世界大战中，各交战国共生产芥子气 13500 吨，其中 12000 吨用于战场。希特勒在战场上曾被英国的芥子气炮弹毒伤，眼睛一度失明。第二次世界大战期间，侵华日军曾在中国东北地区秘密驻军做毒气研究，并在淞沪战场、徐州战场、衡阳保卫战等战役中使用芥子气，造成中国军民死亡近万人。1943 年，意大利巴里毒气事故导致超过 617 人受害。

针对病例研究发现芥子气对细胞分裂具有抑制作用。耶鲁大学研究者给兔子注射了氮芥，发现兔子骨髓以及淋巴结中的白细胞消失了，这种现象启发他们思考：既然氮芥可以杀死白细胞，那么是否也会杀死恶性白细胞呢？于是他们进一步给荷瘤小鼠注射氮芥，令人惊讶的是，小鼠的肿瘤也消失了。随后，他们在淋巴瘤病人身上求证，结果也观察到病人的肿瘤缩小了。尽管这些病人后来死于脓毒症，但生存期延长了接近 100 天，算是医学上的突破。后来，科学家和医生们努力寻找到安全有效的氮芥化合物，并在 1942 年正式用于癌症的临床治疗，数以百万的癌症患者也因此获益[9]。

2. 案例分析

凡事都有对立面，人们要用辩证的眼光看待问题。在成长过程中遇到不利因素和不利条件，应敢于直面挑战、积极应对，变不利为有利。面对生活如此，面对学习也要如此。大学生应主动学习、热爱学习，灵活应用知识，理性思考，敢于批判，做一个会辨识真伪的人。处理问题时，要善于将理论与实践相结合，一方面有助于抓住事物的本质，把握规律性；另一方面有助于解决实际生活、工作中遇到的问题，减少走弯路，做到事半功倍。

三、开胸验肺

1. 案例正文

2004 年 6 月，张海超入职郑州某耐磨材料有限公司，该厂以生产硅砖、耐火材料为主。张海超先后从事过杂工、破碎、开压力机等工种,因身体原因在2007年10月离职。张海超到郑州大学第一附属医院就诊,医生排除了肺癌和肺结核,并怀疑他患上尘肺病。张海超认为可能和在振东公司工作有关,因为车间粉尘很大,防护措施仅有一个口罩,有时候又没戴。在职期间,他做过3次岗间体检,但没人告诉他的肺有问题。带着疑问,他到新密市防疫站查询,工作人员告诉他在2007年初体检时就已发现肺有异常,但他没有来复查。张海超到公司一问才知道单位扣压了他的复查通知。医生建议张海超到地方职业病防治部门做鉴定,然后找单位索偿。按照国家职业病防治法相关规定,职业病诊断、鉴定需要用人单位出具相关证明。由于振东公司不给开证明,张海超无法进行鉴定,而其他综合类医院又无权对职业病进行鉴定。经过多次上访后,鉴定才得以进行。2009年5月25日,郑州市职业病防治所出具了诊断证明,鉴定结果却是"无尘肺0期合并肺结核"。2009年6月初,张海超向郑州市职业病鉴定委员会申请重新鉴定,结果是维持先前的结论。尽管郑州大学第一附属医院对职业病的诊断结果在法律上不被认可,但医学权威性和科学性是没有任何问题的。2009年6月22日,张海超不顾家人的劝阻,决定接受手术证实自己得了尘肺病。手术结果确诊为尘肺。然而,相关部门只认郑州职业病防治所的诊断鉴定结果,并不承认开胸结果。"开胸验肺"事件经媒体披露后,受到社会的广泛关注。此事件经过调查、严肃处理后,张海超得到了三期尘肺的诊断结果[10]。

2. 案例分析

很多进城务工者因为生存压力,不得不接受恶劣的工作环境、简陋的保护措施、高强度的劳动,像张海超这样类似的事件还有许多,他们的权益经常受到侵犯和忽略。"开胸验肺"的悲剧源于身为职业卫生工作者,却没有尽职地履行自己的职责。敬业精神是每一个青年做好自己工作的前提和重要保障,也是事业成功的必经之路,因此青年人应该对于自己的职业有更高的忠诚度和依赖度[11]。

张海超坚决维护自身权益的行为值得我们学习。整体来说,在校大学生的维权意识非常薄弱,除法学专业学生外,其实大部分学生对其知之甚少。法律知识的学习不局限于专业,加强法律基础知识学习，既要充分认识维权意识的重要性，也要认识非法维权造成的侵害和应承担的法律责任；做到自觉守法，坚决维护法律的尊严，做到依法办事，依法维护自己的合法权益。

参考文献

［1］张庸．日本四日市哮喘事件［J］．环境导报，2003（22）：31.

［2］晓雪．穹顶之下：与雾霾抗争［J］．分忧，2017（3）：62-63.

［3］国家癌症中心．国家癌症中心发布最新一期全国癌症统计数据［J］．上海护理，2022，22（4）：72.

［4］习近平：中国力争碳排放2030年前达到峰值，努力争取2060年前实现碳中和［J］．今日制造与升级，2020（9）：10.

［5］邢慧娜，黄润秋．推动生态环境质量持续好转：生态环境部部长黄润秋国新办新闻发布会答记者问［J］．环境经济，2021（16）：10-21.

［6］搜狐新闻．身患儿麻的抗疫一线副主任陈军：昼夜奋战，与时间赛跑［EB/OL］．（2022-11-06）．https://www.sohu.com/a/373430370_100246608.

［7］搜狐新闻．追赶时间的人：记"人民英雄"国家荣誉称号获得者张定宇［EB/OL］．（2020-06-03）．https://www.sohu.com/a/417553052_267106.

［8］杨琳琳．习近平关于生物安全重要论述探析［J］．江南社会学院学报，2021，23（3）：29-34.

［9］搜狐新闻．世界大战的毒气竟然变成为治疗癌症的武器？［EB/OL］（2022-06-17）．https://www.sohu.com/a/342384693_120351304.

［10］新浪新闻．张海超"开胸验肺"事件的前前后后［EB/OL］（2022-07-26）．https://news.sina.com.cn/c/2009-09-21/142918694913.shtml.

［11］黄莹．弘扬敬业精神 助推复兴伟业［J］．公关世界，2021（7）：41-42.

第二十一章　肝脏毒理学

第一节　课程思政教学设计

一、案例教学适用范围

本案例适用于本科生"卫生毒理学"课程"肝脏毒理学"相关章节的教学。

二、课程教学目标

1. 知识目标

（1）了解肝脏的生物学特征及肝脏毒物分类、化学性肝损伤的意义。

（2）掌握外源化学物对肝脏的损害作用。

（3）熟悉肝脏毒物的分子作用机制，肝损伤的检测和评价方法。

2. 能力目标

（1）能够辨别日常生活中常见的肝脏毒性物质及可能的中毒症状。

（2）能用所学知识帮助家人和朋友树立科学正确的毒理学观念，减少具有肝脏毒性的化学物质的接触及摄入，从而建立健康的生活习惯，指导安全饮食。

3. 价值目标

重视肝脏毒理学在食品安全中的作用，了解我国食品安全政策，激发学生对毒理学的学习热情，激励学生通过自身的专业能力，促进我国食品安全方面的发展。

三、教学方法

在《"健康中国2030"规划纲要》《健康中国行动（2019—2030年）》及"十四五"规划的大背景下，利用酒精性肝硬化、四氯化碳等中毒事件引导学生对外源化学物引起的肝脏毒性效应及健康损伤进行思考与讨论，激发学生爱惜身体与热爱生活。对学生进行"健康中国"与职业道德教育，通过课堂教学让学生认识日常生活中的神经毒性物质及其毒性效应。教具主要包括视频资料及ppt。

第二节 课程思政案例及分析

一、酒精性肝硬化

1. 案例正文

全世界每年约有200万人因肝脏疾病死亡。其中，100万人因肝硬化并发症而死。肝硬化是目前全球第11大常见死因，也是增大残疾调整寿命年和寿命损失年的重要原因之一，分别占全球总疾病负担的1.6%和2.1%[1]。

肝硬化患者发病和死亡的四个主要原因为与酒精相关肝病、乙型肝炎、丙型肝炎、非酒精性脂肪性肝炎。接种疫苗或改变生活方式可以预防这些疾病。1990—2017年，全球肝硬化的年龄标准化死亡率和伤残调整寿命年均呈下降趋势，然而肝硬化导致的死亡人数和伤残调整寿命年以及占全球死亡总人数的比例均上升[2]，这些数据表明我们仍需重视肝硬化的预防。1990—2017年，不少国家已经采取干预措施并取得了一定的成就。据统计，全球有195个国家或地区肝硬化的年龄标准化死亡率都有所下降或保持不变。但是东欧和中亚的年龄标准化死亡率仍有所上升。经调查发现这是因为在东欧和中东与酒精相关的肝病的患病率上升[3]。同样，在拉丁美洲地区肝硬化患者的主要死因是罹患酒精相关的肝病。

酒精是导致20岁以下人群死亡和伤残调整寿命年增加的主要风险因素。全世界约有20亿人饮酒，其中超过7500万人被诊断为酒精障碍[1]，具有较高的酒精性肝病患病风险。酒精性肝病是长期大量饮酒导致的肝脏疾病。病情初期一般表现为单纯性脂肪肝，进一步发展为酒精性肝炎、酒精性肝纤维化，甚至酒精性肝硬化。据统计，在酒精摄入量较高和酒精性肝炎患者中，肝硬化的发病率较高。在西方和工业化国家，肝硬化的主要病因已经从病毒性肝炎转变为酒精性脂肪肝[1]。此外，饮酒人群若存在其他影响因素（如病毒性肝炎），对肝脏的损伤会更加严重。

乙醇主要在肝细胞中代谢。大量饮酒时，过量的乙醇会对肝细胞造成损伤。若长期摄入过量乙醇，肝脏将发生多种病变，其中最典型的是肝脂肪变性、肝炎、纤维化和肝硬化[4]。肝脂肪变性是指肝细胞内的脂滴或脂肪颗粒在细胞质中蓄积，是大量饮酒最早出现的病变。

乙醇脱氢酶（ADH）位于细胞质中，是催化效率最高的乙醇代谢酶。其催化的乙醇氧化时烟酰胺腺嘌呤二核苷酸（NAD^+）为辅助因子，产生还原NADH和乙醛。其中乙醛具有很高的反应性和毒性，可以与蛋白质、脂质、和核酸共价结合，形成乙醛加合物，进而破坏这些大分子的结构和功能。此外，线粒体内的醛脱氢酶2（ALDH2）可将乙醛快速氧化为醋酸盐，并产生NADH。因此，正常的肝细胞内NADH生成增多，NAD^+/NADH比值降低。细胞色素P450 2E1（CYP2E1）是催化乙醇氧化成乙醛的另一种主要肝酶，主要位于滑面内质网（ER）。CYP2E1蛋白直接与乙醇相互作用，呈现抵抗泛素-蛋白酶体系统降解的构象，从而造成CYP2E1分子大量积累。而积累的 CYP2E1 会催化乙醇氧化从而生成更多的乙醛，并诱导酶产生大量的其他活性氧（ROS），包括羟乙基自由基（即乙醇的自由基形式）、超氧阴离子（O_2^-）和羟基自由基（·OH）。综上所述，饮酒者体内的活性分子不断产生，导致机体氧化应激，从而改变细胞氧化还原电位和脂质合成增加（即脂肪生成）。

肝脏脂肪变性可以发展成为脂肪性肝炎，其特征是肝细胞肿胀、死亡（即球囊变性）、中性粒细胞浸润和马洛里-变性体（肝细胞内不溶蛋白聚集）。常驻肝巨噬细胞 KCs 在炎症反应的中心激活，导致肝脏纤维化；而细胞外基质蛋白的大量沉积及肝窦内皮细胞膜孔与肝细胞微绒毛的损害限制了肝细胞与窦状隙血液之间营养物质与废物交换，导致胶原的不断沉积，最终破坏肝组织结构；当纤维瘢痕将剩余的肝组织分隔成多个再生肝细胞结节时，纤维化可进一步发展成肝硬化。

2. 案例分析

在如今的社会经济环境下，酒逐渐成为各种社交场合中人们沟通的媒介。然而，饮酒导致的社会问题正在加剧，患酒精性肝病的人数亦逐年增长。2019 年 5 月，医学界权威期刊《柳叶刀》发布的全球饮酒数据报告显示，我国的饮酒问题极为严峻。世界卫生组织发布的《全球酒精与健康报告》中，我国酒精成瘾人群占比高达 2.3%（3200 万人），其中 3/4 为男性。过量饮酒，不仅是造成酒精性肝硬化的危险因素，而且是许多心血管疾病及诸多慢性疾病发病的危险因素。从社会层面看，过量饮酒与不良社会事件发生率和犯罪率也密切相关。因此，为了有效控制过量饮酒，可以实行下列措施。

（1）加强外界环境制约。各级交通管理部门认真贯彻执行国务院颁布的禁酒驾条令，加强《道路交通安全法》和禁止酒后驾驶的宣传，严查酒后驾驶的违法行为，加大对酒驾醉驾的执法力度。各级食品药品监督管理局需明确规范酒类生产，限制销售渠道，不允许商家向 18 岁以下人群出售酒类，酒品包装上必须注明"饮酒有害健康"等标识，提醒人们减少饮酒[5]。

（2）积极进行宣传教育。利用新媒体和公众媒体，加大饮酒危害相关的公益宣传教育力度,在报刊或杂志上以图片或文字的形式刊登饮酒后出现危害的案例,在广播电台或影视媒体上呈现饮酒、戒酒的作品,提高全社会对饮酒和戒酒的认知。

(3) 医务人员为患者提供专业指导。帮助患者树立正确信念,提高自制力,做好相关疾病知识和健康宣教,鼓励其放弃对酒精的信仰和心理依赖。

(4) 家人帮助患者树立戒酒决心,提供足够的支持和陪伴。

二、"军营黄疸"事件

1. 案例正文

第二次世界大战期间,黄热病一度在美军中流行,造成许多士兵死亡,因此,美国国防部决定让250万军人接种黄热病疫苗。此时黄热病疫苗刚刚研制成功,是采用人血清中分离的病毒研制成的减毒活疫苗。

然而,在接种疫苗后不久,美军内就爆发了大面积的黄疸疫情。1942年,美国国防部长报告,在1月1日至7月4日间陆军士兵中有28585人发生黄疸,其中62人死亡。据统计,在1942—1945年,至少有18万军人因肝炎住院。经调查发现,美国陆军患病士兵均接种过特定批次的黄热病疫苗,且制备疫苗的血清都来自同一组献血者。然而,当美军使用无血清的工艺制备疫苗后,军队中的肝炎发病率直线下降。由此可见,这些血清疫苗的献血者血液中可能包含一种传播肝炎的物质。

同样的问题,也出现在英国。英国医生Maccallum发现一些士兵在接种黄热病疫苗后出现了肝炎的症状。据称,他曾在医学文献中看到相似案例,一些糖尿病和老年病患者在使用了未消毒的注射器后,引发肝炎。因此,Maccallum认为很可能是制备疫苗的血清中存在引起肝炎的病毒,并且可以通过血液传播。1947年,Maccallum提出,经输血传播引起的肝炎称为"乙型肝炎"。

乙型肝炎病毒(hepatitis B virus, HBV),是一种有包膜的DNA

病毒，属于肝病毒科 23。包膜包围着一个二十面体核衣壳，核衣壳包围一个部分双链、松弛的约有 3200 个碱基的环状 DNA（rcDNA）。四个部分重叠的开放阅读框（ORF），称为 P（聚合酶）、S（表面）、C（核心）和 X（HBx 蛋白），决定 HBV 基因组的编码能力。从世界不同地区分离的 HBV 菌株的系统发育分析已经鉴定出 10 种主要基因型（A～J）[6]。

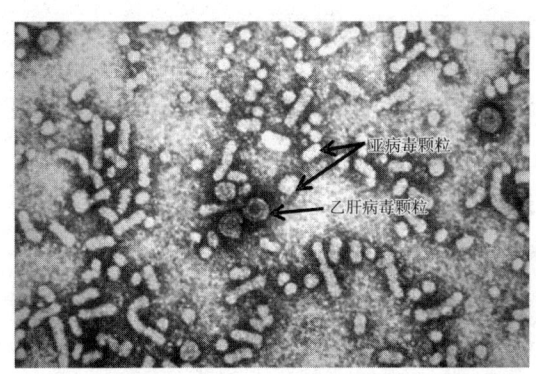

图 21-1　电子显微镜下的乙肝病毒颗粒和亚病毒颗粒

　　HBV 通过高亲和力受体牛磺胆酸钠共转运多肽进入肝细胞，松弛的环状 DNA（rcDNA）进入细胞核，并以微小染色体的形式转化为共价闭合的环状 DNA（cccDNA）——病毒的主要转录模板。转录产物从细胞核输出，较大的基因组前 RNA（pgRNA）并入细胞质中包含病毒聚合酶和核心蛋白的复制复合物中。在这些复制复合物中，HBV DNA 是 pgRNA 逆转录而来，补充 cccDNA 或进行进一步包装。含 HBV DNA 的核衣壳与内质网上的 HBV 表面蛋白结合，在分泌前易位到管腔内，作为成熟的病毒颗粒释放而出。同样，从 cccDNA 中转录的 mRNA 也能产生各种病毒抗原。

　　在感染过程中，HBV 病原体相关的分子，包括 Kupffer 细胞和单核细胞，均参与非特异性免疫反应的细胞感知，从而导致括肿瘤坏死因子（TNF）和干扰素-γ（IFN-γ）等抗病毒细胞因子释放。HBV 可以通过表达自身蛋白，特别是乙肝 e 抗原（HBeAg）和乙肝表面抗原（HBsAg）来对抗机体的免疫反应。例如，HBeAg 下调 Kupffer 细胞上的 TLR2 信号通路，加强了单核细胞和肝细胞对病毒的抵抗性；生成的过量 HBsAg 亚病毒颗粒，显著减弱了自然杀伤（NK）细胞和巨噬细胞对免疫抑制细胞因子 IL-10 的过度产生的应答；HBV 特异性 $CD8^+T$ 细胞是清除 HBV 感染的主要免疫效应细胞，但是，抗体依赖性细胞毒性和细胞内中和等其他控制和清除机制也可能对 HBV 清除有所贡献。

2. 案例分析

结合乙肝的传播途径和发病机制，谈谈如何有效预防乙肝。

（1）全民接种乙肝疫苗是预防乙肝最有效的措施。1981 年以来，抗 HBV 疫苗问世，且大多数属于只表达 HBsAg 的重组 DNA 制备的单价疫苗。据统计，2011 年底，接种 HBV 疫苗已被纳入全球 180 多个国家的常规儿童疫苗接种计划。

向乙肝病毒感染者提供咨询、高危人群的筛查和疫苗加强接种是防止乙肝传播和减轻全球负担的重要措施。

（2）乙肝病毒阳性的女性如果有生育要求，应咨询医生进行正规的阻断，以防止将病毒传播给子代。

（3）加强食品、餐饮行业、各级学校及教育单位的卫生监管。

（4）个人要养成良好的卫生习惯，不共用私人物品。

（5）应到正规医院接受献血、输血或各种手术。

三、四氯化碳致肝脏损伤

1. 案例正文

一男性患者因乏力、纳差恶心 3 天入院。该患者于 6 天前误服四氯化碳，自行吐出部分，并于当地医院予以洗胃处理。3 天前患者出现明显乏力、纳差伴恶心、厌油腻饮食、四肢震颤、尿黄呈茶水色。门诊以"中毒性肝炎"收入院。入院后腹部 B 超显示：肝回声增粗。行肝穿刺术后，病理检查提示：肝细胞部分呈坏死及融合灶性坏死，可见较多吞噬色素颗粒的库普弗细胞，少部分肝细胞小细胞行脂肪变性，急性四氯化碳中毒性肝损害，病变程度相当于肝损害 2～3 级。

医生给予患者静脉滴注葡萄糖、甘草酸二铵、门冬氨酸钾镁、还原型谷胱甘肽等保肝、降酶、退黄、支持等治疗，一月后出现明显好转出院。出院三月后复诊肝功能正常[7]。

四氯化碳（Carbon tetrachloride，CCl_4），是一种用途广泛的能够引起肝细胞坏死的化合物。CCl_4曾用作驱虫剂、干洗剂，目前主要用于制造氯氟甲烷、氯仿和多种药物的化工原料；另外，常用于油、脂肪、蜡、橡胶、油漆、沥青及树脂的溶剂；也用作灭火剂、熏蒸剂，以及机器部件、电子零件的清洗剂等。在以上相关产品的生产制造及使用过程中，均可接触CCl_4。由于CCl_4毒性大并能破坏臭氧层，现已被限制生产，逐渐被二氯甲烷替代。然而，因其良好的化学稳定性，在实验室中仍有不可替代的作用。

生活中，CCl_4主要通过消化道和皮肤接触两种途径进入人体。在环境中，大多数城市大气中的CCl_4质量浓度接近本底值的$0.8 \sim 0.9 \ \mu g/m^3$，室内的浓度较室外高，为$1 \ \mu g/m^3$，然而，在污染源的附近可高达$3.7 \ \mu g/m^3$。很多研究表明，CCl_4是一种典型的肝脏毒物，其暴露浓度和频率可影响其作用部位及毒性。在高浓度时，先影响中枢神经系统，随后累及肝、肾；而长期低浓度暴露则主要表现为肝肾毒性；另外，CCl_4可增加心肌对肾上腺素的敏感性，引起严重心律失常。

2. 案例分析

在实验室中，学生在实验过程中应如何防护保证自身安全？

各大高校及科研院所实验室是进行实验教学和开展科学研究的重要基地，是对学生实施综合素质教育、人才培养和科技创新的重要课堂。随着我国对教育以及科技创新的重视，高校实验室的使用和管理也出现了许多新的问题，特别是实验室的安全问题变得尤为突出。例如，很多仪器设备、试剂等易形成安全隐患，造成安全事故，直接影响师生的人身安全。因此学生在进入实验室之前，一定要接受安全健康教育，自觉服从管理，严格遵守以下各项规章制度、操作规程：

（1）在实验前，学生要根据实验所用化学试剂，阅读化学品安全技术说明书的信息，了解实验存在的危险。

（2）进入实验室后，学生应严格服从实验教师的指导，按照指定座次就位，签名，遵守安全规则；严禁穿背心、吊带装、拖鞋、高跟鞋等；严禁吸烟、吐痰、乱扔纸屑；不在实验室进食、饮水。

（3）在开始任何实验操作前，学生需了解所有物理、化学、生物方面的潜在危险及相应的安全措施。例如，使用化学药品前应先了解常用化学品危险等级、危险性质及出现事故的应急处理预案。

（4）在实验进行过程中，学生不得随意离开岗位，要密切注意实验的进展情况。

（5）开展可能发生危险的实验时，学生要根据实验情况采取必要的安全措施，如戴防护眼镜、面罩或橡胶手套等；并且按实验要求进行操作、调试、检测，如实记录实验数据。

（6）在实验中，学生不得随意调换或拆卸实验仪器设备；如有疑难问题，要及时请教指导教师或实验室工作人员。

（7）若实验中出现异常现象，学生应立即停止实验并进行应急处理，由指导教师排除故障后方可继续实验。

（8）在实验完毕后，学生应仔细检查水阀、电闸、煤气阀等，并将仪器、设备及连接线等放归原处；摆好桌椅、清洁环境，经指导教师检查同意后，方可离开实验室。严禁学生不经许可将实验室的任何物品带出实验室。

参考文献

[1] ASRANI S K, DEVARBHAVI H, EATON J, et al. Burden of liver diseases in the world [J]. Journal of hepatology, 2019, 70 (1): 151–171.

[2] SEPANLOU S, SAFIRI S, BISIGNANO C, et al. The global, regional, and national burden of cirrhosis by cause in 195 countries and territories, 1990–2017: a systematic analysis for the Global Burden of Disease Study 2017 [J]. The lancet gastroenterology and hepatology, 2020, 5 (3): 245–266.

[3] LIANGPUNSAKUL S, HABER P, MCCAUGHAN G W. Alco-

holic liver disease in Asia, Europe, and North America [J]. Gastroenterology, 2016, 150: 1786-1797.

[4] OSNA N A, DONOHUE T M, KHARBANDA K K. Alcoholic liver disease: pathogenesis and current management [J]. Alcohol research health, 2017, 38 (2): 147-161.

[5] 丁玲, 胡杨倩, 任菡霖. 酒精性肝病住院患者戒酒影响因素的质性研究 [J]. 护理与康复, 2020, 19 (8): 34-38.

[6] Yuen M F, Chen D S, Dusheiko G M, et al. Hepatitis B virus infection [J]. Nature reviews disease primers, 2018, 4: 18035.

[7] 滕光菊, 赵军, 常彬霞, 等. 四氯化碳引起慢性肝损害一例 [J]. 肝脏, 2008 (1): 16.

第二十二章　肾脏毒理学

第一节　课程思政教学设计

一、案例教学适用范围

本案例适用于本科生"卫生毒理学"课程中"肾脏毒理学"相关章节的教学。

二、课程教学目标

1. 知识目标

（1）了解肾脏的生物学特征及对肾脏影响毒物的分类、肾脏对毒物的易感型。

（2）掌握中毒性肾损害的部位与类型。

（3）熟悉肾损害的毒作用机制、肾损害的检测和评价方法。

2. 能力目标

（1）能够了解辨别日常生活中常见的肾脏毒性物质及可能的中毒症状。

（2）利用所学知识引导家人和朋友树立科学的、正确的毒理学观念，减少具有肾脏毒性的化学物质和药物的接触及摄入，建立健康的生活习惯。

3. 价值目标

重视肾脏毒理学在药品安全、食品安全和职业安全中的作用，激发学生对毒理学的学习热情，激励学生通过自身的专业能力，促进食品安全。

三、教学方法

本章课程教学采用理论讲授，利用教师讲授提问、学生思考讨论等方式来完成课程教学的知识目标、能力目标和价值目标。通过课程讲授并结合实际案例，提高学生学习的积极性和主动性，激发学生们的学习与爱国热情。

第二节　课程思政案例及分析

一、药源性肾疾病——非那西丁肾病

1. 案例正文

非那西丁由 Morse 于 1878 年发明，是市场上第一个合成解热镇痛药。非那西丁可作用于脊髓神经束，起镇痛作用，也可作用于脑部，通过降低体温调定点而发挥退热作用。然而，由于 1953 年的非那西丁致严重肾损害事件，以及 1970 年的非那西丁致尿道癌事件，人们意识到该药的安全性问题，最终该药在上市 90 多年后全面撤市。回顾非那西丁致肾损害事件始末，可以给我们诸多警示。

1953 年，多个欧洲国家发现肾病患者大量增加。同年，Spuihler 等首次报道 44 例不明原因的晚期肾病患者中多数曾长期过量服用非那西丁，将由此导致的慢性间质性肾炎定义为非那西丁肾病。1960 年 Moolten 等报道了美国首例非那西丁致肾乳头坏死的病例。1962 年 Jacobs 等报道 47 例长期服用非那西丁的患者出现肾乳头坏死，至此，

非那西丁导致肾损害的事实得到公认。1965年Kennedy等报道2例非那西丁致肾乳头坏死和间质纤维化的病例，患者最终死于尿毒症。1969年，第一篇非那西丁与膀胱癌关联的报道发表，文中表明长期服用非那西丁可致尿道瘢痕、前列腺钙化、肾乳头坏死和肾盂肾炎，认为这是诱发膀胱癌的原因。1976年，苏黎世大学病理研究中心从2万多名肾腺癌或尿道癌患者的尸检结果中明确了非那西丁与肾盂癌和膀胱癌的相关性。此后，为进一步证实这一结果，Delzell等进行了一项为期40年的流行病学研究，表明过度使用含非那西丁的解热镇痛药可引起肾乳头坏死和间质性肾炎，证实了非那西丁与严重肾损害的直接相关性。

随着对非那西丁肾病的深入研究，研究人员对这一疾病进行新的诠释，将非那西丁肾病列入"镇痛药肾病"。1995年美国肾脏基金会对镇痛药相关肾病给予了明确定义：①经典的镇痛药肾病。长期使用含2种以上解热镇痛药和可待因或咖啡因的混合制剂而导致的疾病，表现为肾乳头坏死和慢性间质性肾炎而致的进行性肾衰竭。②非甾体抗炎药相关的肾毒性。其主要特征如下：继发于肾血管收缩的急性肾衰竭；由于肾小球微小病变引起的间质性肾炎，表现为肾病综合征、高钾血症、水钠潴留、罕见肾乳头坏死。继发于肾脏血管收缩的急性肾衰竭，不同人群发病机制不同，各种原因所致潜在血容量不足人群和慢性肾病患者属高发人群。

2. 案例分析

肾脏是药物代谢与排泄的重要器官，因此肾脏易发生药源性损害。随着各种化学药品的不断问世和应用，药物引起的急、慢性肾衰的报道日益增多。因此，正确合理用药，预防药源性肾损害，使药物达到治疗的目的至关重要。在此过程中，不仅应当注意西药可能引起的肾损害，对可能造成肾损害的中药、中成药同样应当严加防范。在用药过程中一定要结合自身实际，认真查看说明书，遵守医嘱，避免药源性肾损害；争取早发现、早治疗，才能彻底降低药源性肾损害带来的危害。为此，我们提出以下建议：

（1）找有经验的医生，遵医嘱用药。病人一定要在有经验的医生指导下进行药物治疗或需要进行造影检查。

（2）针对老年人、有肾脏疾病、糖尿病、联合应用肾毒性药物、合并其他临床重病的病人，应尽量选用没有肾毒性的药物。

（3）使用有可能造成肾毒性的药物之前，最好能先检查一下肾功能。肾功能不全的病人应根据肾功能情况，调节药物单次剂量或用药时间间隔。

（4）学会保护自己，采取适当防护措施。针对不同的药物，采用适当的帮助解毒、排毒的方法，如水化、预防造影剂肾病等。

（5）保留好相关医疗记录，就诊时告诉医生。对曾经发生的药物不良反应，包括过敏或非过敏性的不良反应，需保留记录，以备医生参考。

二、草酸二甲酯导致急性肾损伤

1. 案例正文

草酸二甲酯是一种化工原料，可用作有机溶剂、萃取剂、黏合剂、增塑剂和医药中间体等，其中毒常为职业暴露所致。2015年8月23日，某公司3名工人在分装草酸二甲酯过程中皮肤接触到草酸二甲酯，由于现场气温高，工人出汗多，接触后数小时方出现皮肤灼伤，此外还有腹胀、恶心、呕吐、头晕、结膜充血、伴或不伴少尿无尿等症状，实验室对他们检查均显示肾功能异常。2016年5月17日，在河南安阳市化工厂中5名工人在同一密闭反应罐内工作，由于脖颈、双手、前臂、脚踝等不同程度的暴露，接触草酸二甲酯，工作1~3小时后急性起病，表现为头晕、乏力、恶心呕吐、皮肤、眼部不适，伴有腰痛、少尿、无尿，部分工人出现急性肾小管损伤。目前国内外均未制定该物的职业接触限值的标准，其毒理学资料尚缺。

草酸二甲酯的暴露途径包括吸入、食入、皮肤吸收，中毒表现以急性肾损伤为主，临床表现为头晕、乏力、恶心呕吐、纳差、腰腹痛、少或无尿，对眼、皮肤、呼吸道黏膜有刺激作用，对中枢神经系统有麻痹作用。发生急性肾衰竭，特别是发生少尿或无尿的患者其治疗以血液透析为主，联合抗氧化应激、护肝、营养支持等对症治疗。

草酸二甲酯在体内分解形成的草酸盐是草酸二甲酯中毒引起急性肾损伤的主要致病物质。由此形成的草酸盐晶体沉积于肾小管以及肾间质而引起的肾功能损伤，称为急性草酸盐肾病。草酸盐肾病发生于原发性与继发性高草酸尿症者，原发性高草酸尿症是罕见的常染色体隐性遗传病，继发性高草酸尿症常见于摄入草酸盐或草酸盐前体过多及与脂肪吸收不良有关的胃肠疾病的情况。继发性急性草酸肾病较少见，其主要引起急性肾损伤、肾小球滤过功能下降。肾脏病理表现为急性肾小管坏死，小管管腔中可见草酸盐结晶。

2. 案例分析

近些年化工品导致的中毒性肾病发病率明显增加，职业性中毒最常见，加强职业防范意识相当重要。还需要多方采取综合性措施：

（1）推广有毒有害化学物质信息卡。定期培训，做到由领导至职工均熟知所在岗位化学品的职业危害、防护应急措施等，最大限度地控制和减少急性中毒的发生。

（2）建立急性职业中毒救援网络。通过举办急性中毒诊断与救治知识培训班，聘请省、市具有丰富职业病临床经验和现场工作经验的专家现场讲学，讲解急性职业中毒的现场救护、急性中毒临床诊断与救治以及相关的职业卫生法规或知识。要求相关用人单位应对员工进行职业卫生培训，以提高职工的自我保护意识。若设备出现障碍，应急处理人员应戴正压自给式呼吸面罩、穿防毒服、戴防化学品手套，穿上适当的防护服前严禁接触破裂的容器和泄漏物。打造急性职业中毒救援网络，以更好地保护职工的健康。

（3）加大有毒有害作业场所的监督监测力度。依据国家卫生标准、劳动卫生工程技术标准，加强对企业工艺、劳动过程中的作业环境职业危害的监督、监测工作。对于没有卫生标准的毒物也需要加大投入力度，运用毒理学和流行病学手段，对职业有害因素确定限值标准，为职业检测和监督工作提供参考数据。

（4）督促企业健全各项规章制度。各化工企业要切实加强有毒化学品的管理和登记工作，制订安全操作规程，定期检查执行情况。

生产设备和防护设施要经常维修,杜绝跑、冒、滴、漏现象。加强安全卫生巡查制度,及时发现事故隐患,并做好上岗前职业性健康和岗前培训,规范操作规程,预防急性职业中毒的发生。

参考文献

[1] 王楠,毛璐. 非那西丁致严重肾损害事件 [J]. 药物不良反应杂志,2011,13(5):331-333.

[2] 360 百科. 肾毒性. [EB/OL] https://baike.so.com/doc/1663848-1758971.html.

[3] 陈桂华. 三聚氰胺奶粉性婴幼儿肾结石临床分析 [J]. 实用心脑肺血管病杂志,2011,19(9):1530-1531.

[4] 叶芳,郭静. 粤食安委办. 全省报告肾结石患儿 84 例 [N]. 广东科技报,2008-09-19.

[5] 李茂峰. 食品安全检测中存在的问题及控制措施 [J]. 食品安全导刊,2022(10):139-141.

[6] 崔守明,刘纪青,杨玉新,等. 一起急性草酸二甲酯中毒事故调查分析 [J]. 中国工业医学杂志,2016,29(4):317.

[7] 余溱. 导致集体急性肾损伤的草酸二甲酯中毒事件分析 [D]. 郑州大学,2018.

[8] 马华,冒明建,许庆忠. 浅谈急性职业中毒的防范措施 [J]. 工业卫生与职业病,2000(5):318-319.

第二十三章　心血管毒理学

第一节　课程思政教学设计

一、案例教学适用范围

本案例适用于本科生和研究生"卫生毒理学""现代毒理学"等课程中"心血管毒理学"相关章节的教学。

二、课程教学目标

1. 知识目标
（1）掌握心血管毒物对心脏和血管的毒性效应。
（2）熟悉心脏毒物致心脏毒性的毒作用机制。
（3）熟悉血管毒物致血管毒性的毒作用机制。

2. 能力目标
（1）通过案例讨论，让学生能够初步掌握心血管毒物的毒性效应和毒作用机制。
（2）通过案例讨论，让学生能够初步了解研究心血管毒物毒性的方法。

3. 价值目标
（1）通过案例教学，加深学生对心血管健康的重视，促进学生养成良好的生活习惯。

（2）通过案例教学，激发学生对心血管毒理学的研究兴趣，使学生主动深入了解心血管毒理学的相关知识。

三、教学方法

本章课程教学采用理论讲授、案例介绍、学生思考与讨论的方式完成课程教学的知识目标、能力目标和价值目标。教师系统地讲授心血管毒物的毒性效应和毒作用机制，再通过案例介绍和思考讨论加深学生对知识的印象，同时激发学生对心血管毒理学的兴趣。

第二节 课程思政案例及分析

一、"减肥神药"西布曲明

1. 案例正文

1997年，一种名为西布曲明的"神奇药物"被美国食品和药物管理局批准用于肥胖症的治疗，随后于2000年在中国上市。西布曲明，又称N－｛1－［1－（4－氯苯基）环丁基］－3－甲基丁基｝－N，N－二甲胺，分子式为$C_{17}H_{26}ClN$，在室温下为白色结晶粉末，是5－羟色胺（又称血清素）和去甲肾上腺素再摄取抑制剂，属于中枢神经系统抑制剂。西布曲明最早用于治疗抑郁症，但在临床应用中发现，它的减肥效果优于抗抑郁效果，因此其作为减肥药在临床上获得广泛使用。因其在短时间内减肥效果好，含有西布曲明成分的十多种减肥药在很短的时间内风靡世界。

西布曲明可通过阻断神经介质对5－羟色胺和去甲肾上腺素的摄取来治疗肥胖，影响中枢和外周神经系统G蛋白偶联受体和配体门控离子通道的正常生理功能，从而抑制食欲。同时，西布曲明还可以增加脂肪组织对葡萄糖的利用，从而增加能量消耗，最终达到减肥的目的[1]。

然而随着西布曲明的推广，该药的一些不良反应逐渐出现。长期使用西布曲明会导致口干、失眠、腹泻、心率加快、月经紊乱、肢体抽搐等不良反应；严重时，会导致心律失常、高血压甚至心肌梗死。

2009 年，《新英格兰医学》杂志上一篇名为 "Effect of sibutramine on cardiovascular outcomes in overweight and obese subjects" 的研究结果显示，西布曲明与心血管风险增加有关，包括非致死性心肌梗死、非致死性中风、可复苏心脏骤停和心血管死亡。该研究招募了 10744 名 55 岁或以上的超重或肥胖受试者，他们之前患有心血管疾病、2 型糖尿病或两者兼有。该研究的目的是评估在心血管事件高风险受试者中，使用或不使用西布曲明进行体重管理对心血管的影响。结果表明，与对照组相比，实验组的平均减重仅为 1.7 kg；然而西布曲明组的主要结局事件风险为 11.4%，安慰剂组为 10.0%（风险比为 1.16；95% 置信区间为 1.03～1.31；$p=0.02$）。西布曲明组的非致死性心肌梗死和非致死性中风发生率分别为 4.1% 和 2.6%，安慰剂组分别为 3.2% 和 1.9%（非致死性心肌梗死的风险比为 1.28，95% 置信区间为 1.04～1.57，$p=0.02$；非致死性中风的风险比为 1.36，95% 置信区间为 1.04～1.77，$p=0.03$）[2]。因此，从 2010 年开始，包括美国、欧盟在内的许多国家和地区都将西布曲明列入黑名单，禁止在保健食品、化妆品和药品中添加西布曲明。早在 2010 年，中国国家食品药品监督管理局就颁布了一项法规，禁止生产含有西布曲明成分的减肥药，并将西布曲明列为禁药。然而，由于西布曲明价格低廉，"减肥效果"好，尽管已经被禁用，但仍有很多不法商家偷偷将其用于减肥产品中，甚至在一些保健食品、饮料中添加西布曲明。西布曲明等禁药被滥用，对消费者的健康造成了极大的伤害。

2020 年，"炫富女" 郭某就利用自己 "网红" 的 "名声"，在网络平台大肆售卖有毒有害的减肥类保健食品。这些所谓的保健食品中，即含有西布曲明。虽然最终郭某等 70 余名涉嫌生产、销售有毒有害减肥类保健食品的嫌疑人被抓获，但仍有大量含有西布曲明的减肥药已经流入消费者手中，造成了极大的社会危害。

2. 案例分析

由于科学的快速发展,物质生活条件不断提高,饮食结构不尽合理,肥胖症在发达国家和经济快速发展的发展中国家像瘟疫一样蔓延。肥胖症的发病率逐年增加,而且年轻化的趋势正在显现。在我国,由于生活水平的提高,肥胖症发病率同样急剧上升。

现如今,越来越多的年轻人对更加健康的身体和更加健美的身材有了越来越高的要求。"减肥"也成了当今社会的一个主流话题。

然而,部分不良商家却从中嗅到商机,通过出售含有违禁成分的减肥药牟利,严重危害着当代年轻人的身体健康。

脂肪的堆积不是短时间造成的,而是日积月累的结果。因此减肥也必须保持耐心,而不是单纯地追求速度,很多时候,欲速则不达。

保持健康体重的正确方式是"管住嘴,迈开腿",饮食健康、均衡,减少高油、高糖、高盐食物的摄入,加强体育锻炼,而不是通过吃"减肥药"走捷径减肥。如果需要通过药物控制体重,也应该在医生的指导下正确用药,以免误服违禁药物,从而对健康产生的不良影响。

二、空气污染的心血管毒性

1. 案例正文

自20世纪末以来,我国社会经济高速发展,随之而来的是严重的环境污染,尤其是空气污染。世界卫生组织和联合国环境组织的一份报告称:"空气污染已成为全世界城市居民生活中一个无法逃避的现实。"

近年来,随着国家出台多项治理大气污染的措施,空气污染情况呈现向好的趋势。然而,在工业化不断快速推进的过程中,能源消耗不断增长,生活和生产中燃烧煤炭排放了大量的烟尘、颗粒物、SO_2、氮氧化物等大气污染物,大气污染的状况依然十分严重。颗粒物是影响城市空气质量的主要污染物,SO_2污染也保持在较高水平。伴随着居民收入水平的提高和城市化进程的加快,城市机动车数量快速增加,中国一些城市的大气污染特征是由煤炭型向汽车尾气型转变,NO_x、CO呈现出增加的趋势。一些城市出现了光化学雾霾的现象,形成华中、西南、华东、华南多个地区的雾霾天气、沙尘暴天气,汽车尾气排放进一步加剧了空气污染[3]。

近年来,大量的研究集中在空气污染的心血管毒性。大量证据表明,空气污染已成为引发心血管疾病的一个重要因素。

$PM_{2.5}$和PM_{10}浓度的升高已被证明会增加死于心血管疾病的风险,而且无论接触程度如何,这种关联都存在。短期暴露在空气污染中会显著增加因心血管疾病死亡的风险。短期暴露于$PM_{2.5}$的浓度每增加$10 \mu g/m^3$,非意外全因死亡率平均增加1%,心血管疾病死亡率平均增加0.8%。此外,研究发现,空气污染与各种心血管疾病的风险增加有关,包括冠心病、心力衰竭、中风和心律失常。空气污染导致心血管疾病的病理生理机制主要包括6个方面。一是炎症、氧化应激和血管内皮功能障碍;二是血液高凝和血栓形成;三是血压升高、动脉粥样硬化和心脏重构;四是自主神经调节功能障碍;五是心脏电生理改变与心律失常;六是代谢综合征与胰岛素抵抗[4]。

近日,一篇发表在国际医学期刊 *Circulation* 杂志的研究引发了热议。复旦大学附属中山医院葛均波院士、北京大学第一医院霍勇教授、复旦大学公共卫生学院阚海东教授等发现,急性暴露于$PM_{2.5}$、NO_2、SO_2、CO等多种空气污染物,可在1小时内诱发急性冠脉综合征,且该影响在老年人群中和寒冷的冬季更为显著。该研究采用中国胸痛中心2015年1月至2020年9月的资料,对我国318个城市2239家医院的129.3万例急性冠状动脉综合征病人进行了分析,并对6种主要空气污染物($PM_{2.5}$、$PM_{2.5-10}$、NO_2、SO_2、CO、O_3)的小时浓度与急性冠脉综合征及其亚型发病的相关性进行分析。结果发现,急性暴露于$PM_{2.5}$、NO_2、SO_2、CO能明显增加急性冠脉综合征及其所有亚型的发病风险,且在暴露1小时内效应最强。这4种引起急性冠状动脉综合征的空气污染物均无显著的临界浓度。因此,即使在低浓度的情况下,这4种污染物都有可能导致急性冠状动脉综合征的发生。不同污染物对急性冠脉综合征不同亚型发病风险的影响则略有差异，整体而言，以 NO_2 的影响最强，其次是 $PM_{2.5}$ 和 CO，SO_2 最弱。进一步的分析表明，急性暴露于空气污染物对急性冠心病的危险有一定的影响，65 岁以上的老年人，不吸烟或没有患有慢性心肺疾病史的老年人和冬季更为显著[5]。

现如今，空气污染对我国居民心血管健康造成的不良影响已不可忽视，急需社会各界行动起来，共建生态文明，还所有人一个美丽的蓝天。

2. 案例分析

生态文明建设，是指人类在利用和改造自然的过程中，主动保护自然，积极改善和优化人与自然的关系，构建健康有序的生态运行机制和良好的生态环境。其核心是正确处理人与自然的关系。生态文明建设是关系人民福祉、关乎民族未来的长远事业。

党明确提出推进生态文明建设的总体要求：树立尊重自然、顺应自然、保护自然的生态文明理念，把生态文明建设放在突出位置，融合经济建设、政治建设、文化建设、社会建设等全过程，努力建设美丽中国，实现中华民族的可持续发展。这一总要求的核心和实质是"建设以资源环境承载能力为基础、遵循自然规律、可持续发展为目标的资源节约型、环境友好型社会"，努力开创社会主义生态文明新时代。建设美丽中国，要深化生态文明体制改革，加快建立生态文明体制，健全国土空间开发、资源节约、生态环境保护体制机制，形成人与自然和谐发展的现代化新格局。建设社会主义生态文明，必须坚持节约资源优先，加强环境保护，搞好生态文明建设，建设循环经济。

"绿水青山就是金山银山"，大学生应节约资源，保护环境，建设生态文明，共建富强民主文明和谐美丽的社会主义现代化强国。

三、不良生活习惯对心血管的危害

1. 案例正文

近年来，随着人们的生活节奏越来越快，心血管疾病的患病率也在逐年升高。经统计，全球每年心血管疾病导致的死亡已经远超癌症、传染病、呼吸系统疾病造成的死亡。相关数据表明，在中国，心血管疾病一直是导致死亡的主要原因。据2018年数据显示，中国患有心血管疾病的人数已达3.3亿人。其中，约有1300万名中风患者，890万名心力衰竭患者，1139万名冠心病患者，950万名心脏病患者，甚至还有2.45亿名高血压患者。不仅如此，近年来许多心血管疾病均已开始呈现年轻化的趋势。高血压、高血脂、动脉粥样硬化、急性心肌梗死等心血管疾病在年轻人当中的发病率大幅升高。根据《中国中青年心脑血管健康白皮书》显示，20～29岁人群患心脑血管疾病的比例已达15.3%。

无论是心血管疾病发病率的升高，还是心血管疾病的年轻化，都与当代人不良的生活习惯密不可分。可造成严重心血管危害的不良生活习惯主要包括以下3点：

（1）"三高"饮食习惯。

众所周知，高盐饮食不仅会导致血压升高，还会引起血浆胆固醇水平的增高，同时促进动脉粥样硬化的发展。人体摄入过多的钠，就会引起水和钠滞留在体内，导致血管平滑肌肿胀、血管壁变薄、血管壁侧压增加，进而导致血压升高。高血压是心血管疾病最重要的危险因素之一。

高脂饮食可导致肥胖，并通过血管内皮损伤形成动脉粥样硬化斑块。血栓堵塞血管，使腔管狭窄，导致心肌缺血和缺氧而猝死。同时，高脂饮食可导致高脂血症、高血压等心脑血管疾病。可以说，高脂肪饮食对心脑血管健康有很大的危害。

高糖饮食可增加血液黏度，使血液运行缓慢，加上血管内皮损伤，引起大量动脉粥样硬化斑块的形成，堵塞血管，易诱发急性心脑血管事件的发生。据统计，饮食中含有大量甜饮料或爱吃甜食的儿童在成年后患心脏病的风险大大增加，甚至可能发生心源性猝死。

（2）吸烟、饮酒。

吸烟者冠心病的发病率和死亡率是不吸烟者的2～6倍，且与每天吸入的香烟数量成正比。吸烟会损害血管内皮，造成不可逆的损伤。内皮脱落易堵塞血管腔，引起缺血缺氧，危害心脑血管健康。烟雾中的尼古丁和一氧化碳会渗透到血液中，从而减少血液中的氧气含量。尼古丁还会刺激动脉收缩，使心脏难以长期工作。

大量饮酒或长期饮酒，可使血液中高密度脂蛋白浓度升高引起高胆固醇血症，危害健康。酒精会使血管急剧扩张，血压升高，增加动脉粥样硬化的风险。研究表明，长期饮酒还可能使血脂水平升高加重基础疾病；同时导致高血压、中风、冠心病等风险增加。

（3）久坐、缺乏运动。

近年来，许多研究表明，久坐会增加患心血管疾病的风险。例如，久坐行为会对血管健康标志物产生负面影响，同时导致血管结构和功能、血压、血脂、氧化应激、炎症和代谢损伤等风险因素的改变。根据发表在著名科学杂志 *Nature* 上的一项研究，每坐 1.5 小时，患心血管疾病的风险就会增加 44%。

研究表明，不经常运动的人群，往往比保持运动习惯的人群更容易患心血管疾病。长期不运动，能量消耗较少，就会导致摄入的脂肪和糖分没有及时进行消耗和代谢，因此容易在心血管壁周围缓慢堆积，长此以往就会影响正常的代谢功能，诱发高血压、高血脂、高血糖。长期缺乏运动，还会影响到正常的心肺功能，加重心肺的负担。心肺功能受到影响，血液循环变差，严重时就会诱发心血管疾病。同时，缺乏运动容易导致肥胖的发生，进而可能引起胰岛素抵抗。胰岛素抵抗是高血压和心脑血管疾病（包括中风和冠心病）共同的发病基础[6]。

2. 案例分析

（1）日常生活中要注意保持健康的饮食习惯，减少摄取高脂肪、高盐、高糖食物，保持体内胆固醇含量在正常范围。多吃新鲜水果蔬菜和纤维丰富的粗粮。

（2）注意个人体重。随着生活条件的改善，很多人都会有运动量减少、荤食进食量增加的问题。肥胖是心血管疾病的重要危险因素，因此应该保持健康的体重，尽量避免肥胖的发生。

（3）戒烟限酒。戒烟不仅有利于个人的心血管健康，也有利于家人、朋友的健康。远离香烟是降低心血管疾病患病风险的有效途径。限酒是指可以少量饮酒，但不能过量饮酒。建议成年男性每天饮酒不超过 25 克，成年女性每天饮酒不超过 15 克。

（4）养成规律运动的好习惯。每日选择合适的运动强度，完成一定量的运动。因人制宜、量力而行、循序渐进、持之以恒，将体育运动变成自身的习惯。

参考文献

［1］刘丽萍. 减肥为何不能用西布曲明［J］. 益寿宝典，2017，（11）：23.

［2］JAMES W P, CATERSON I D, COUTINHO W, et al. Effect of sibutramine on cardiovascular outcomes in overweight and obese subjects［J］. New England journal of medicine，2010，363（10）：905 – 917.

［3］范茂清. 我国大气污染现状及治理方法［J］. 绿色环保建材，2021（11）：24 – 25.

［4］李镒冲. 空气污染与心血管疾病专家共识［J］. 中国循环杂志，2021，36（1）：14 – 21.

［5］CHEN R, JIANG Y, HU J, et al. Hourly air pollutants and acute coronary syndrome onset in 1.29 million patients［J］. Circulation，2022，145（24）：1794 – 1760.

［6］LAVIE C J, OZEMEK C, CARBONE S, et al. Sedentary Behavior, Exercise, and Cardiovascular Health［J］. Circulation research，2019，124（5）：799 – 815.

第二十四章 皮肤毒理学

第一节 课程思政教学设计

一、案例教学适用范围

本案例适用于本科生和研究生"毒理学基础""毒理学研究方法与技术"等课程中"皮肤毒理学"相关章节的教学。

二、课程教学目标

1. 知识目标
要求学生掌握皮肤毒理学的概念、皮肤毒作用的类型和机制、皮肤毒理学的研究方法,熟悉皮肤的功能及毒理学意义、常见接触性变态反应原、常见光毒性化合物等相关知识。

2. 能力目标
(1) 通过本章节学习,让学生能够掌握皮肤毒作用类型和机制、皮肤毒理学等关键知识。
(2) 通过本章节学习,让学生能够理解皮肤毒理学检测对人民健康的重要意义。

3. 价值目标
通过理论教学,让学生了解毒物对皮肤的危害,树立学生正确的环境保护意识和良好的生活习惯,培养学生爱国情怀和社会责任感。

三、教学方法

本章课程教学采用理论讲授，利用教师讲授提问、学生思考讨论等方式来完成课程教学的知识目标、能力目标和价值目标。通过课程讲授引导学生认识皮肤毒作用类型和机制的多样性，理解药物及化妆品等进行皮肤毒理学测试的重要性，并结合实际案例，提高学生学习的积极性和主动性。

第二节　课程思政案例及分析

一、"鳞状细胞癌"起源——烟囱工

1. 案例正文

18世纪时，大批欧洲中产阶级家庭开始住进建有烟囱的房屋。这些烟囱通风管道主要用于冬季壁炉取暖时排出烟灰。随着时间的推移，烟灰积聚，造成通风管道逐渐狭窄甚至完全堵塞。在那个工业还不太发达的年代，很多事情都得依靠最原始的人力劳动。当时，有一种常见的疾病被称为"烟囱清扫工人癌"。尽管烟囱清扫在欧洲和北美都很常见，但这种疾病主要在英国出现的原因是什么呢？这是因为，英国炉膛和烟囱设计更为窄小，不适合体型高大的成人进入，只有年轻人能够爬进去进行清扫工作。这些年轻人通常是孤儿或来自贫困家庭，他们愿意做这份肮脏且危险的工作。当时的卫生条件较差，这些孩子很少有机会洗澡，且经常裸体工作。这意味着他们的皮肤反复暴露于烟囱灰尘的有害物质中。当时，对童工并没有太多保护限制，甚至10岁以下的烟囱清洁工也很常见。维克多·雨果的小说《悲惨世界》中的角色珂赛特就是一个典型的被剥削和奴役的童工。

1775年，英国伦敦圣·巴塞洛缪医院的外科医生伯希瓦尔·波

特（Percivall Pott）发表了他的新发现。他连续收治了多例罕见的阴囊癌病例，数量之多超过了既往的经验认知，这引起了他的关注。以往的研究中，阴囊癌主要发生在老年人中，并且很少连续出现。

在对这些患者的信息进行分析后，他很快意识到这些阴囊癌患者大多是年轻男孩，而且都是从事烟囱清扫工作。经过更长期的观察和亲眼目睹烟囱清扫工作的现场，他注意到这些贫穷男孩们有一些共同点。由于炉膛狭小，通常还是刚刚熄火不久而热气未消，清扫工们不得不除去御寒衣物，甚至赤身裸体进行作业。他们在钻出炉膛时，全身都沾满了煤烟污垢，难以通过拍打抖落。由于寒冷，他们没有时间清洗身体，只能马上穿好衣服，而且整个寒冬都没有条件洗澡。而其他欧洲大陆上的扫烟囱工人通常有机会洗澡，因此阴囊癌的发病率要低得多。

基于观察和研究，波特医生认为烟灰和烟囱焦油对睾丸皮肤的慢性刺激可能是导致这些患者患阴囊癌的原因。然而，当时他的猜想没有引起重视，他的同事们更专注于谴责当地的汞问题，并认为那才是阴囊癌的致病因素。

波特提出这个猜想后的140年，即1914—1916年，日本病理学家山际克三郎通过动物实验确定了焦油和鳞状细胞癌之间的关系。他们每周两次将从煤烟中提取的焦油涂抹在137只兔子的耳朵上。150天之后，他们发现在大多数存活的兔子体内形成了肿瘤。360天以后，其中7只兔子的病情进展为恶性肿瘤（即癌症），还有2只兔子发生了淋巴结转移。1955年，科学家们成功地从油烟和沥青中分离出一种极具致癌性的物质——3，4-苯并芘。至今，人们已经发现了黄曲霉素、氯乙烯、亚硝胺、烟草和槟榔等120种强致癌物质（Ⅰ类致癌物）。此外，还存在着800多种可能或可疑致癌物。

2．案例分析

环境是致癌因素之一。通过长期的验证和观察，人们开始认识到毒性物质可以通过皮肤进入人体，并对身体产生各种毒性作用。以波特医生的研究为例，通过观察烟囱清理工的工作环境与生活习惯，他推测烟灰和烟囱焦油对睾丸皮肤的慢性刺激可能是阴囊癌的病因。然而，直到过了100多年，实验验证才让人们意识到这一点。

这是世界上最早使用实验方法证明人工物质可以引起癌变的案例。实验证实了焦油可以通过皮肤吸收并引起毒性作用。同时，这也说明了物质致癌的过程存在剂量—反应关系，即只有与致癌物接触累积到一定剂量时才会引发癌症，且个体之间存在反应差异。如今，科学家前赴后继的努力研究创造出了丰富的研究成果，提出了各类致癌物的安全限值和防护措施。也正是在社会的不断进步下，儿童的权利越来越被重视和保护。但不可忽视的是，目前世界上仍有1.6亿儿童遭受童工之苦，毫无疑问，这是对基本人权的侵犯。我们的目标是让世界各地的每个儿童都能享受健康快乐的童年，避免童工现象的存在。虽然我们已经取得了一些进展，但仍有很长的路要走。

二、孟山都与氯痤疮

1. 案例正文

孟山都最初是一个生产糖精的小作坊，由约翰·弗朗西斯·奎尼创办。他相信糖精的生产能带来利润，于是开办了孟山都化工厂。随后，孟山都开始生产香草醛、咖啡因、镇静剂和泻药等产品。1917年，孟山都开始制造阿司匹林，并很快成为全球最大的阿司匹林生产商。由于一战期间欧洲化学原料的进口中断，孟山都被迫自己制造化学品，从而确立了其在化工行业的领先地位。后来，孟山都拓展了产品领域，并涉足生物技术领域。在20世纪90年代末，孟山都将自身重新定位为"生命科学"公司，将化学品和纤维生产整合为一家名为首诺的新公司。2002年，孟山都正式成为一家农业公司，并宣称自己是一家相对年轻的公司，旨在帮助全球农民，为发展中的地球居民提供食物、衣服和燃料。在成为工业巨头的几十年间，孟山都参与了超过50项美国国家环境局超级基金项目。

孟山都绝口不提其化工产业背景，仿佛那个名字长期带有"化工"一词的孟山都从未存在过。这样做的好处之一便是孟山都公司能够将与化学有关的诉讼和责任债归咎给首诺，以保护孟山都公司的品牌形象。然而，孟山都的过往和我们息息相关，尤其是它在环境方面的遗留影响。孟山都长期生产两种臭名昭著的剧毒物质——多氯联苯（PCB）和二噁英。尽管这两种物质已停产，但是受到影响地区的居民仍然遭受着化学物带来的痛苦，并将长期受到其影响。

孟山都在1929—1995年期间在西弗吉尼亚州奈乔镇（Nitro）建造了一座化工厂，距离查尔斯顿市下游约12英里。化工厂自1948年起开始生产一种名为2，4，5-T的强力除草剂，工人称之为"草虫"。草虫生产过程会产生二噁英，是一类剧毒化学品，与心脏病、肝病、人类生殖障碍和发育障碍有关。小剂量的二噁英也足以在环境中长期存在并在人体内积累。1997年，世界卫生组织下属的国际癌症研究机构将二噁英中最具毒性的一种划定为致癌物。2001年，美国政府将二噁英列为"已知人类致癌物"。

1949年3月8日，孟山都奈乔化工厂发生了一次大型爆炸事件，爆炸引发了容器中大量除草剂的泄漏。浓厚的蒸汽和白烟从工厂飘出，弥漫在镇子上。爆炸的残余物覆盖了建筑物内部和人身上，许多人感到皮肤瘙痒，但只是被建议去擦澡。然而，几天后，工人们的皮肤出现了疹子。许多人很快被诊断出患有氯痤疮，这种疾病类似于普通痤疮，但更为严重，持续时间更长，有可能造成毁容。还有其他人感到腿部、胸部和躯干剧烈疼痛。当时，一份机密医疗报告称，爆炸"导致工人系统性中毒，包括最主要的器官系统"。检查其中受伤最严重四个人的医生发现，当他们都处在一个密室时，能闻到患者身上有一股强烈气味。他们认为这些人的皮肤分泌了异物。法庭记录显示，在本次事故中，共226名工人患病。一份与此事件相关的西弗吉尼亚州法庭文件显示，孟山都对后果轻描淡写，其称影响工人的污染物"作用相对缓慢""只会刺激皮肤"。

与此同时，奈乔化工厂继续生产除草剂、橡胶制品和其他化学品。20世纪60年代，化工厂生产橙剂——一种强力除草剂，美军在越南战争期间用来让丛林落叶，它后来成为老兵诉讼的重点。老兵认为他们因暴露于橙剂而受到伤害。类似孟山都早期的除草剂，橙剂生产也会产生副产物二噁英。

至于奈乔化工厂的废料，有些被埋在焚烧炉，有些被倾倒在垃圾填埋区或下水道，有些则流入溪流。正如代表奈乔工人和居民打官司的斯图尔特·卡威尔所言，"产品去哪儿，二噁英就去哪儿，它们会流入下水道进入大海，焚烧废料时进入空气"。

1981年，数个奈乔化工厂前雇员在联邦法庭提起诉讼，指控孟山都故意让他们暴露会造成长期健康问题（包括癌症和心脏病）的化学品。他们认为孟山都明知奈乔使用的许多化学品都是有害的，但是却瞒着他们。

1988年，在一场审讯开庭不久之前，孟山都同意在绝大多数诉讼中和解，支付150万美元。孟山都也同意放弃从6名退休孟山都工人那里收取30.5万美元的法律费用。在一场诉讼中，这6名工人指控孟山都不给他们防护用具，导致自己暴露在二噁英之下，但他们的指控失败了，因为孟山都要通过抵押这些退休者的房产给予他们补偿费用。

1969年，孟山都在奈乔停止生产二噁英，但是依然可以在奈乔化工厂周围发现有毒化学品。跟踪研究发现，附近河流、小溪和鱼类中二噁英残余量在上升。居民们提起诉讼，要求孟山都和首诺赔偿。一位西弗吉尼亚法官将这些诉讼合并为一次集体诉讼。孟山都一位发言人说，"这些诉讼是没用的，我们将会积极辩护"。这场诉讼毫无疑问要花费数年时间。但是，孟山都作为一家公司，有着大把时间，而原告们的寿命比这家公司的寿命要短的多了。

2. 案例分析

当个人或公司的利益与社会利益冲突时，我们应该优先维护社会公众的利益。尽管孟山都曾经做出了个人利益优先的选择，但是我们必须铭记科学应该为更广大人民群众的利益服务，而不应成为牟取私利的工具。在中国，已经通过多次修订劳动法等法律，进一步保障劳动者的权益。此外，我国环境保护部等九部委于2010年10月19日联合发布《关于加强二噁英污染防治的指导意见》，这对于减少我国企业二噁英排放、推动节能减排和清洁生产，降低人体二噁英暴露，保护生态环境具有重要意义。作为公共卫生工作者，我们应坚守理想信念，为实现绿色中国贡献自己的力量，促进中国人民的健康和福祉。

参考文献

［1］网易新闻. 圣诞老人爬烟囱竟是300多年的谎言？［EB/OL］（2019 - 12 - 26）. https://www.163.com/dy/article/F1ANUFDC05326GWL.html.

［2］腾讯网. 历史上的英国童工：年仅三岁就被买来扫烟囱，经常有儿童被卡死亡［EB/OL］（2022 - 05 - 11）. https://www.163.com/dy/article/F1ANUFDC05326GWL.html.

［3］豆丁网. 工业革命时期英国扫烟囱儿童的命运.［EB/OL］.（2010 - 11 - 28）. http://his.newdu.com/m/view.php?aid = 55777.

［4］中国妇女网, 全球消除童工大会呼吁采取紧急行动结束童工现象［EB/OL］（2022 - 05 - 26）. https://baijiahao.baidu.com/s?id = 1674627183566236346.

［5］BARLETT D L, STEELE J B. Monsanto's harvest of fear［J］. Vanity Fair, 2008, 16（3）: 22. https://hao.360.com/?src = h j_llqzq & ls = 2.